# O MÉTODO S.M.I.L.E.

## PARA GESTÃO DO HUMOR NO AMBIENTE DE TRABALHO

UM GUIA PRÁTICO PARA HUMANIZAÇÃO CORPORATIVA

**Presidente:**
Mauricio Sita

**Capa:**
Estúdio Mulata

**Foto da capa:**
Lethicia Galo

**Diagramação:**
Candido Ferreira Jr

**Revisão:**
Equipe da Editora Ser Mais

**Gerente de Projeto:**
Gleide Santos

**Diretora de Operações:**
Alessandra Ksenhuck

**Diretora Executiva:**
Julyana Rosa

**Relacionamento com o cliente:**
Claudia Pires

**Impressão:**
Imprensa da Fé

**Dados Internacionais de Catalogação na Publicação (CIP)**
**(Câmara Brasileira do Livro, SP, BRASIL)**

O método S.M.I.L.E. para gestão do humor no ambiente de trabalho - Um guia prático para humanização corporativa
Marcelo Pinto – São Paulo: Editora Ser Mais, 2014.

Bibliografia
ISBN 978-85-63178-55-8

1. Comportamento – modificação 2. Liderança – ferramentas
3. Sucesso profissional 4. Comunicação – Interpessoal e Intrapessoal
5. Atitude I. Título

158.7 CDD

**Índices para catálogo sistemático:**
1. Desenvolvimento Pessoal e Profissional. 2. Carreira profissional - Desenvolvimento. 3. Treinamento e Desenvolvimento. 4. Sucesso profissional - Administração I.

Editora Ser Mais Ltda
rua Antônio Augusto Covello, 472 – Vila Mariana – São Paulo, SP – CEP 01550-060
Fone/fax: (0**11) 2659-0968
Site: www.editorasermais.com.br e-mail: contato@revistasermais.com.br

**Dedicatória:**

Dedico esta obra à minha divertida família e colegas de trabalho que muito colaboraram para recheá-la com exemplos e dicas que mostram a possibilidade real de transformarmos o nosso local de trabalho em um lugar melhor e mais leve onde possamos nos realizar enquanto pessoas e profissionais.

# Índice

# Apresentação
# Prazer em conhecê-los!

# 1

## Apresentação – Prazer em conhecê-los!

Olá, sou Marcelo Pinto, o Palestrante do Bom Humor e ministro palestras e *workshops* em diferentes empresas e organizações por todo o país, sendo conhecido filantropicamente como Doutor Risadinha, nome que me foi dado pelas crianças durante as atividades de voluntariado que eu realizava nos hospitais. Atuo como Consultor do Humor e "Fun"cilitador em programas de desenvolvimento pessoal e gerencial, formando equipes de multiplicadores e animadores internos.

O bom humor sempre esteve presente em minha vida, e com mais intensidade desde 1988 quando iniciei minha carreira como advogado trabalhista empresarial, mas foi em 1996 quando assumi a gerência trabalhista sindical na área de RH, que passei a presenciar seus benefícios no trabalho, mediando diversos problemas que afetavam o clima da empresa, por conta de comportamentos inadequados e mal-humorados da liderança, que tornavam o clima da área muito pesado e mal-humorado, a ponto dos liderados pedirem demissão, enquanto que em outras áreas a alegria e descontração tornavam as equipes muito mais produtivas, unidas e divertidas.

Também intermediei conflitos de assédio moral, tanto por comportamentos nocivos, quanto por excesso de brincadeiras de mau gosto. Foi diante deste cenário que me despertou o interesse em estudar com maior intensidade como as atitudes positivas e o bom humor afetavam diretamente o clima e a produtividade das equipes e a importância de gerenciá-lo para evitar problemas judiciais, trabalhistas e sindicais.

E hoje sinto-me realizado na carreira de palestrante, podendo compartilhar essas experiências e conhecimentos com um maior número de profissionais, conscientizando-os de que trabalhar com alegria faz bem e desenvolvendo minha missão de humanizar o ambiente de trabalho e advogar na defesa do riso e bom humor responsáveis, positivos e saudáveis.

Nas empresas eu defendo a elaboração de Programas de Gestão do Humor para inserção responsável da alegria, diversão e descontração no ambiente de trabalho, como forma de melhorar o clima interno e os resultados financeiros.

Advogado por formação e Gelotólogo (estudioso do riso e bom humor) por missão, sou certificado Líder do Riso pelo Clube da Gargalhada do Brasil, pela Escola do Riso de Portugal e pela Diverrisa da Espanha, estando habilitado a conduzir sessões de risoterapia em grupo. Fundador do Clube da Gargalhada de São Paulo e do Instituto do Riso. Diretor, editor e apresentador do programa "Sorria e Tenha um Bom Dia" que foi veiculado na Demais TV.

Mantenho o site www.palestrantedobomhumor.com.br e o Top Blog Espaço do Riso http://doutorrisadinha.blogspot.com, com o objetivo de manter o riso na pauta do dia procurando equilibrar sua relação com o mau humor, que vem ganhando espaço em nosso dia a dia, como prova o avanço da Depressão, considerada o maior mal do século.

Sou autor do livro "Sorria, você está sendo curado" e escritor de inúmeros artigos para jornais e revistas, participando em diversos programas de rádio e televisão, disseminando os benefícios que eles proporcionam para a nossa saúde física e financeira e para os nossos relacionamentos pessoais e profissionais.

Portanto, estou muito contente em conhecê-los e espero que nos encontremos em breve!

# II

## Introdução
## Tudo deve ter um propósito!

# Introdução – Tudo deve ter um propósito!

O tema que me proponho a escrever é tão antigo e óbvio, que chega a ser revolucionário, buscando nos lembrar da importância de levarmos nossa vida, especialmente a profissional, com mais leveza e bom humor. Isso é importante, por que na correria e competição do dia a dia acabamos nos esquecendo do que realmente importa. Para facilitar a aplicação deste bom humor é que lhes apresento o Método S.M.I.L.E.

Estudos científicos mostram que livros como este realmente ajudam. Sua leitura contínua ajuda no alívio do estresse e na melhoria da qualidade de vida. Trata-se do primeiro livro brasileiro que apresenta dicas práticas e explica como usar o bom humor numa ampla variedade de funções administrativas, operacionais e gerenciais, por meio de técnicas simples e de baixo custo que qualquer um de nós pode usar, sem necessariamente ser comediante, engraçado ou piadista.

A única exigência que faço é que você se dedique ao menos a experimentar as novas habilidades, dicas e sugestões que apresento, as quais com certeza trarão vantagens na competitividade que é comum no mundo dos negócios que estamos vivenciando atualmente. O humor é uma competência que começa a ser valorizada pelas empresas e é um atributo indispensável para quem quiser se dar bem na carreira.

Lembremo-nos de que qualquer um pode aprender a usar o humor a seu favor, bastando para isso apenas ter um mínimo de senso de humor. Portanto, se você alguma vez riu, considere-se apto a aplicar esta fantástica competência.

Iremos identificar neste livro os princípios básicos que nos permitirão usar o humor com sucesso para exigir respeito e atenção, elevar os ânimos do grupo e criar um ambiente de trabalho produtivo. O humor, ou a falta dele, pode ser decisivo para seu futuro no emprego. Muita atenção: isto não é uma piada!

As empresas vêm dando uma importante atenção à esta competência, pois além dela melhorar o clima interno, agregando as pessoas e equipes, também colabora na redução das despesas médicas e absenteísmo, pois pessoas positivas, bem-humoradas e otimistas, além de tudo, adoecem menos.

Muitas pessoas e organizações no mundo todo já têm experimentado a incrível força da Risoterapia e Dinâmicas do Riso nos negócios, baseadas no movimento Mundial dos Clubes do Riso. Assim, o bom humor entra como um diferencial competitivo, não só pessoal, como também profissional para os colaboradores e empresas.

A Gestão do Humor para inserção da diversão e descontração responsáveis no ambiente de trabalho passa por todas as pessoas de sua empresa, desde a alta direção, gerentes, técnicos, equipes de venda, administrativos e operacionais. E nas centenas de palestras ministradas desde 2000, tratando da importância e dos benefícios do humor no ambiente de trabalho, eu pude perceber o grande interesse e aceitação por este tema, principalmente pelas áreas de recursos humanos, de treinamento e desenvolvimento, segurança do trabalho, marketing e vendas, sendo que para esta última área, o bom humor e o otimismo têm se mostrado como excelentes ferramentas para manter a persistência e motivação na prospecção e fechamento de novos negócios, aumentando as vendas em mais de 37%, segundo o psicólogo positivista Martin Seligman, em estudo realizado para a MetLife.

Mas, as organizações e empresas candidatas à inserção da diversão produtiva e responsável em seu ambiente laboral necessitam, além de uma maturidade profissional, criar um espaço lúdico no qual seus colaboradores possam passar alguns minutos relaxados e divertidos, tendo a possibilidade de desinibir-se, desfrutar de um tempo descontraído e sem preocupações, criando alternativas para problemas até então insolúveis, compartilhando experiências positivas com seus colegas, reduzindo sua ansiedade e estresse, proporcionando ao final desta breve pausa, aumento significativo em sua produtividade. Este é o verdadeiro ócio criativo em que acredito.

E aqui já começo com uma primeira dica: podemos aproveitar esta verdadeira sala ou espaço de "descompressão" para apresentar também breves palestras periódicas e atividades lúdico-vivenciais, abordando temas como mudança de crenças, atitudes, emoções, conflitos, percepções, estados de ânimo, confiança, comunicação, inovação, trabalho em equipe etc.

Por meio da intervenção emocional positiva é possível conquistar um melhor clima laboral, compromisso com a empresa e seus objetivos, cumplicidade nas equipes de trabalho, imaginação e criatividade, melhorar as atitudes e o rendimento (produtividade), redução dos acidentes de trabalho, do absenteísmo e inclusive do presenteísmo.

Devemos inserir o bom humor responsável em diversas atividades coletivas da empresa, inclusive nas celebrações e eventos, congressos, almoços, integração de novos colaboradores, apresentações e lançamentos de produtos, ações promocionais e de endomarketing ou como início ou fim de programas de treinamento. A Gestão do Humor para inserção da diversão responsável ajudará a reter, integrar e motivar os seus colaboradores melhorando a imagem da empresa perante seus clientes e fornecedores, fidelizando-os.

O humor pode nos dar lições sérias sobre como melhorar as relações, manejar conflitos, elevar a moral ou comunicar melhor com nossos colaboradores, atrair e reter talentos, em especial os da Geração Y e Z, que veem nesta atitude um ponto extremamente positivo e importante para o bom clima de trabalho.

Resumindo, a Gestão do Humor para inserção da diversão responsável na empresa, desde que usada com equilíbrio e bom senso, pode se tornar uma potente ferramenta para melhorar a produtividade, rentabilidade, criatividade, clima interno e inter-relacionamento dos colaboradores.

Não podendo deixar de citar que hoje, um dos principais motivos ensejadores de ações trabalhistas por assédio moral, são as brincadeiras de mau gosto e até mesmo as bem-intencionadas e tradicionais, porém aplicadas na medida errada, especialmente durante as convenções de vendas. E em um dos capítulos deste livro, me proponho justamente a alertar para os cuidados que as empresas e seus líderes devem ter ao planejar tais eventos.

Aliás, foram os líderes do passado que exterminaram a alegria e descontração responsáveis do ambiente de trabalho, e agora serão necessários novos e atualizados líderes, como vocês leitor e leitora, com a coragem necessária para resgatar o bom humor e a descontração no trabalho, como instrumento importantíssimo para aumentar os resultados da empresa e a motivação dos seus colaboradores.

Esta é a minha missão e propósito de vida, pois acredito que assim como deu certo o movimento de humanização do ambiente hospitalar, lutarei para que consigamos humanizar nosso ambiente corporativo, que é composto por pessoas, que independente da idade, credo, cor, posição e gênero, são humanas e, portanto, capazes de tornar o nosso local de trabalho um lugar melhor para convivermos em boa sintonia.

Fundamentação

# Isso é sério!

17

## Fundamentação – Isso é sério!

Só para início de conversa, destaco apenas três informações importantes que provam que deveríamos fazer com que as pessoas com quem trabalhamos rissem sempre que possível:

1ª) quando rimos nos sentimos melhor;
2ª) há centenas de pesquisas científicas concluindo que rir é bom para a saúde, e
3ª) trabalhar com alegria faz bem.

Mas sabemos que desde a Idade Média o riso é condenado, estando do lado do demônio. Do séc. IV ao séc. X o riso foi sufocado, inclusive no trabalho. Uma das regras de São Columbano determina que "aquele que rir, sob a capa, na assembleia, isto é, no ofício, deverá ser castigado com seis golpes...". A *Regula monachorum*, de São Frutuoso, proíbe contar histórias engraçadas no decorrer do trabalho; a de São Donato pede que não se provoque o riso durante o ofício divino. "Se rir às gargalhadas fará jejum, a menos que tenha rido de forma perdoável". O riso de quem tem siso é apenas o sorriso[1].

Na Filosofia temos que Sócrates abominava o riso, o que acabou contagiando seu principal discípulo Platão. Cogita-se até que ambos eram pessoas distímicas, ou seja, mal-humorados patológicos do tipo da hiena Hard, mas vamos deixar essas "fofocas" de lado, pois com Aristóteles o riso começa a ser visto de uma forma menos demoníaca, sendo elevado ao pódio, lugar de merecimento, por Demócrito, conhecido como o "Filósofo que ri" e por tal motivo, também considerado meio louquinho. Pena que seus textos foram praticamente exterminados, restando, segundo Georges Minois, apenas 365 citações desconexas de seus pensamentos. Por que será?

Infelizmente até hoje o riso e a diversão no trabalho ainda são vistos de forma preconceituosa como sinônimos de irresponsabilidade, falta de ética e de comprometimento, como se os sisudos fossem pessoas muito responsáveis, éticas e comprometidas (!!!).

Realmente é difícil e paradoxal falar sobre alegria e diversão nas empresas sem correr o risco de parecer ridículo, como nos alerta Fran-

[1] MINOIS, Georges. *História do Riso e do Escárnio.* São Paulo: Editora UNESP, 2003, p. 25.

cisco Gomes de Mattos, "pois os valores essenciais à vida, como o amor e a felicidade, são julgados assuntos incompatíveis com a seriedade empresarial, assim como a amizade é associada, geralmente, a pouco profissionalismo. No inconsciente das organizações prevalece a rejeição aos sentimentos em favor da racionalidade, condicionando-se as decisões à frieza dos fatos, como se o empregado deixasse de ser humano ao cruzar os limites do escritório ou da fábrica"[2].

E para piorar, quanto maior a empresa, mais impessoal e menos humana ela se torna, e por esse motivo o líder deve ver neste momento uma grande oportunidade, pois sua vantagem competitiva pode estar na formação de equipes alegres, satisfeitas e descontraídas. A alegria e a descontração deveriam fazer parte dos programas de Treinamento Contínuo e Qualidade de Vida de todas as empresas, ou ao menos daquelas que são maduras, respeitam seus colaboradores e pretendem se destacar como as melhores para se trabalhar.

Felizmente, me parece que o quadro está começando a mudar, com o anseio por novos valores, dentro das empresas, onde o amor, a gentileza, a solidariedade e a felicidade emergem como forças poderosas de transformação, principalmente das empresas que procuram se perpetuar no mercado. E como afirma Francisco Gomes de Mattos: *"Empresa Feliz significa alvorada para uma Nova Sociedade do Trabalho. Não é utopia. É a alternativa!"*[3].

A propósito disso, eu ouço muito que rir é coisa de gente boba! Você já ouviu isso também? Pois quando ouço este tipo de provocação, respondo imediatamente que rir não é coisa de gente boba. Rir é coisa de gente! É que tem muita gente boba que ri. Ora, o riso é humano e democrático. Todos podemos rir. Aliás, até afirmam que o homem é o único animal que ri! Eu particularmente não concordo com isso, pois se vocês conhecessem a Mel e o Scooby, meu casal de *poodles*, com certeza fariam eco comigo nesta afirmação, de que os animais também riem, e muito!

E por falar que o riso e, consequentemente, o lazer que o provoca são características inatas dos seres humanos (o que é bem mais abrangente do que apenas o homem e com o que eu concordo!) é que o lazer tornou-se um direito de todos. Você sabia disso?

---

[2] MATTOS, Francisco Gomes. *Empresa Feliz.* São Paulo: Makron Books, 1996, 3ª edição, p. 4 - 5.

[3] ____________. Op. cit., p. 113 - 115.

O lazer é um
direito de todos
Pra valer

21

## O lazer é um direito de todos – Pra valer

O Direito ao Lazer consagrado na Declaração Universal dos Direitos Humanos, proclamada em 10 de dezembro de 1948, está assim redigido no seu artigo 24: *"toda pessoa tem direito a repouso e lazer, inclusive a limitação razoável das horas de trabalho e férias periódicas remuneradas"*.

E a nossa Constituição Federal Brasileira de 1988 mantém-se em linha com a Declaração ao enumerar o Direito ao Lazer, ao lado do Direito ao Trabalho, dentre os direitos sociais, no artigo 6º e no artigo 7º, inciso IV, em que estão destacadas as necessidades vitais básicas do trabalhador, a saber: Art. 6º, caput, "*São direitos sociais a educação, a saúde, o TRABALHO, a moradia, o LAZER, a segurança, a previdência social, a proteção à maternidade e à infância, a assistência aos desamparados, na forma desta constituição*"; e Art. 7º, incisos XIII e XIV, que preveem "*São direitos dos trabalhadores urbanos e rurais, além de outros que visem a melhoria de sua condição social: (...); XIII – duração do trabalho normal não superior a oito horas diárias e quarenta e quatro semanais (...); XIV – jornada de seis horas para o trabalho realizado em turnos ininterruptos de revezamento, (...)*".

Isso posto, não há como negarmos que o direito ao lazer é essencial à vida de qualquer um de nós, que a todo momento buscamos condições para alcançar uma passagem digna por esta vida, que não se resume apenas ao trabalho, mas também à vida em sociedade e ao lazer, seja só ou acompanhado.

Para isso precisamos de tempo livre e não é por acaso que a jornada de trabalho padrão estabeleceu-se em oito horas diárias, ou seja, um terço do dia, pois os outros dois terços restantes devem satisfazer nossas oito horas de sono altamente recomendáveis e mais oito horas para nos ocuparmos com atividades sociais ou até mesmo individuais, mas que nos proporcionem alegria e descontração, de preferência longe da empresa, como por exemplo, passear com a família, praticar esportes, brincar no parque, participar das sessões de Risoterapia do Clube do Riso, pegar uma telinha no cinema ou ir ao teatro, ler um bom livro ou simplesmente ficar de papo para o ar, sem fazer nada.

Mas, infelizmente ainda há empregadores que em nome do aumento da produtividade, da rentabilidade e da redução de custos, acabam impondo aos seus colaboradores jornadas desumanas, desrespeitando os intervalos para descanso e refeição, avançando no intervalo obrigatório de onze horas entre o final de uma jornada e início da jornada seguinte e muitas vezes prejudicando o descanso semanal remunerado, com trabalhos aos sábados e domingos. Tudo em troca de uma contrapartida nefasta, que é o pagamento do adicional de horas extras, que acabam iludindo os colaboradores que muitas vezes agregaram estes valores ao seu salário mensal e acabam ficando reféns, perdendo este tempo de lazer tão essencial à nossa existência enquanto seres humanos.

Neste ponto eu chamo a atenção dos empregadores, pois nenhum trabalhador pode ser impedido de desfrutar dos intervalos garantidos pelas leis trabalhistas, sendo obrigados a realizar horas extras, pois situações deste tipo caracterizam desrespeito à norma constitucional que garante o nosso Direito ao Lazer.

Aqui vale destacar as palavras da advogada Analuisa Macedo Trindade expressas em seu artigo que recebe o título "Do direito ao lazer nas relações de trabalho", quais sejam:

> O lazer é uma necessidade básica do ser humano sob três aspectos: biológico, na medida em que consideramos os aspectos físicos e psíquicos do ser humano, pois que é através do lazer que mente e corpo descansam e ´recarregam´ as energias despendidas durante um período de trabalho; social, pois que é no momento de lazer que o trabalhador tem oportunidade de conviver com familiares e amigos, participando ativamente da vida em comunidade; existencial, uma vez que o trabalho em excesso aliena o indivíduo, impedindo-o de pensar em sua própria vida e de buscar para ela um rumo melhor do que aquele em que se apresenta. Privações biológicas, sociais e existenciais geram no trabalhador um sentimento de fraqueza e baixa autoestima diante da situação vivenciada, ocasionando distúrbios de ordem psicológica e física no indivíduo[4].

Há inclusive na Justiça do Trabalho teoria que determina a indenização por violação ao Direito ao Lazer, conforme noticia em entrevista à Folha, o juiz do Trabalho Otavio Calvet, autor do livro "Direito ao Lazer", produto de sua dissertação de Mestrado. Segundo ele:

> Trabalhadores permanentemente conectados, com disponibilidade total para a empresa, começam a entrar na Justiça não apenas para pleitear horas extras. No cálculo,

[4] TRINDADE, Analuisa Macedo. *Do direito ao lazer nas relações de trabalho*. **Jus Navigandi**, Teresina, ano 16, n. 2867, 8 maio 2011. Disponível em: <http://jus.com.br/artigos/19062>. Acesso em: 15 fev. 2014.

entra também a supressão do lazer - tempo que o funcionário deixou de ficar com a família, assistir à televisão e fazer cursos... O trabalho dignifica o homem, é importante, mas sua vida não pode se resumir a trabalho. Ficar com a família, estudar, ver TV, fazer o que quiser fazer [também é importante]. Isso é o que me faz crescer como ser humano, não só o trabalho. Como determinar se houve supressão do lazer? É basicamente tentar observar se a vida da pessoa foi consumida de forma indevida. Aquela que não consegue estudar por que trabalha até tarde, que não consegue ver os filhos por que sai muito cedo e volta muito tarde.

Conforme afirma o Procurador Federal Diogo Souza Moraes em novembro de 2010:

> Esta discussão justifica-se na exata medida em que muitos empregados, por se dedicarem por longas jornadas à atividade empresarial desenvolvida pelo patrão, se veem desprovidos de momentos que lhe proporcionem maior contato com as respectivas famílias e com atividades que lhes garantam distração suficiente para se desvincularem mentalmente do trabalho. Feitas essas considerações, seria justo que o direito ao lazer dos empregados, submetidos ou não a controle de jornada, fosse extirpado pelas longas jornadas de trabalho? ... o fato do empregado não se submeter ao controle de horário, não habilita o empregador a retirar daquele um direito fundamental de estatura constitucional, que é a sua recreação[5].

Como eu salientei algumas linhas atrás, o trabalho captura no mínimo ⅓ do nosso dia e praticamente ½ das nossas horas úteis (não que dormir seja inútil), pois hoje o trabalho é em sua grande parte intelectual, ou seja, onde quer que estivermos e a qualquer horário do dia (e às vezes até durante o sono) nos pegamos pensando naquele projeto, naquela apresentação, naquela abordagem, naquela venda, no cumprimento daquela meta etc. Isso vale dizer que ficamos "ligados" ao trabalho na maior parte das nossas vinte e quatro horas de vida diária, sem mencionar os trabalhos aos finais de semana, feriados e até (pasmem!) durante as merecidas férias, sempre com a esperança de voltarmos empregados no *"day after"* (dia seguinte).

E não poderia ser diferente, pois eu sou do time que acredita que não é possível separar a vida pessoal da vida profissional, até por que quem vive a vida sou eu, enquanto indivíduo, e portanto, sendo indivisível, não

[5] MORAES, Diogo Souza. *Direito ao lazer e o art. 62 da CLT: uma visão da nova interpretação constitucional.* **Jus Navigandi**, Teresina, ano 15, n. 2703, 25 nov. 2010. Disponível em: <http://jus.com.br/artigos/17905>. Acesso em: 16 fev. 2014.

é possível haver essa separação. Por este motivo que defendo a existência em todas as empresas de um Programa de Gestão do Humor para inserção do lazer responsável no ambiente de trabalho, pois assim equivaleria à inserção do trabalho intelectual no ambiente familiar. Como destaca o também especialista em Direito do Trabalho Dr. Márcio Batista de Oliveira no artigo com o título "O Direito ao Lazer na Formação do Homem Social":

> O resultado de jornadas excessivas de trabalho, de confusão com o ambiente familiar e o ambiente laboral, resulta numa invasão da vida do trabalhador pelo seu trabalho, daí surge a necessidade da regulação do direito ao lazer como um bem da vida e que possa ser resguardado em juízo.[6]

Ademais, sendo eu um advogado com larga experiência na área trabalhista e sindical, não poderia deixar de proativamente recomendar a implantação deste programa, seja com o nome que for, até como forma de minimizar, quando não eliminar, qualquer discussão judicial a este respeito da supressão do Direito ao lazer, desde é claro, que haja uma gestão responsável do humor no trabalho, a fim de não tornar o Programa uma verdadeira "baderna", ou como costumam afirmar, uma forma de libertinagem. Devo destacar ainda que com o aumento do período de lazer ocorre a criação, ampliação e diversificação de outros setores da economia, além do que, vários segmentos da sociedade vêm procurando conciliar o trabalho à qualidade de vida, pois sabem que para que o colaborador mantenha um alto rendimento durante a sua jornada diária de trabalho é preciso que ele esteja com suas forças físicas e mentais constantemente renovadas. Isso é uma tendência mundial, sem retorno, sobretudo nos países mais desenvolvidos.

Assim, este é o propósito deste livro. Apresentar ao leitor um método para implantação do Programa Gestão do Humor para Inserção da alegria e do lazer responsáveis no ambiente de trabalho, com dicas e sugestões de práticas testadas por mim e por diversos executivos em inúmeras empresas, também lucrativas, bem como destacar a importância das situações de humor no ambiente corporativo, como forma de aliviar a tensão do nosso dia a dia e incrementar os cofres da empresa, por meio de melhores resultados, insuflados por uma produtividade crescente respaldada pela motivação dos colaboradores enquanto uma equipe em prol da melhoria do clima interno corporativo e busca da felicidade. Existe até um índice para medir a Felicidade Interna Bruta. Já ouviu falar?

---

[6] OLIVEIRA, Márcio Batista de. *O direito ao lazer na formação do homem social*. In: **Âmbito Jurídico**, Rio Grande, XIII, n. 76, maio 2010. Disponível em: <http://www.ambito-juridico.com.br/site/index.php?n_link=revista_artigos_leitura&artigo_id=7406>. Acesso em fev 2014.

# 27

## Conhece o FIB, Índice de Felicidade Interna Bruta?

## Conhece o FIB - Índice de Felicidade Interna Bruta?

O conceito do FIB nasceu em 1972, no pequeno país da Ásia chamado Butão, elaborado pelo Rei Jigme Singye Wangchuck, que proferiu numa emblemática entrevista a célebre declaração: "Felicidade Interna Bruta é mais importante do que o Produto Interno Bruto" o que vem a ser reforçado pelo economista e pesquisador alemão Johannes Hirata, doutor pela Universidade de St. Gallen, na Suíça, com tese desenvolvida sobre o tema "Felicidade como política pública", após ter passado dois meses do ano de 2005 no Butão, afirma que "apenas crescimento econômico não traz felicidade".

Alguns países ricos podem até ser mais felizes, mas a quantidade de riqueza deles não está diretamente ligada à quantidade de felicidade das pessoas que neles vivem. Um aumento de bem-estar material traz felicidade, mas só até certo ponto, onde ela para de crescer. Aí temos o índice de Felicidade Interna Bruta-FIB.

Para medirmos a FIB de um país, devemos considerar diversos fatores, mas o principal é o índice de bem-estar subjetivo, já que há uma contradição na relação entre a renda e a felicidade nos países ricos. Por exemplo, no Japão, onde esta medição ocorre desde 1958, não há um aumento de bem-estar subjetivo há cerca de 45 anos, apesar do crescimento econômico neste período ter ultrapassado 800%. Nos Estados Unidos, onde a medição é feita desde 1946, também não houve aumento significativo da felicidade, apesar de a renda per capita, no mesmo período, ter aumentado aproximadamente 300%.

Já o Butão que é um pequeníssimo reinado hereditário nas encostas do Himalaia, espremido entre a China, a Índia e o Tibet e que possui o maior índice de FIB, resultado das suas políticas públicas, é um país pobre, tem renda per capita de cerca de US$2 mil anuais e a Felicidade do povo que é um dos objetivos do governo, tem sua busca pela Felicidade Interna baseada em quatro pilares:

i) incentivo à cultura;
ii) preservação do meio ambiente;
iii) independência econômica externa e

iv) bom governo.

Não podemos nos esquecer que o que traz felicidade é o relacionamento humano, a amizade, o amor, a generosidade, a compaixão e o respeito. Assim comentou um cidadão pobre do Butão: "aquele homem é tão pobre, mas tão pobre, que tem apenas dinheiro".

Dentre os fatores que afetam o índice de FIB estão o desemprego, as relações sociais ruins, o tempo que se passa com a família e amigos, a saúde, a justiça e a satisfação no trabalho. Trabalhar menos é uma das soluções para aumentar o índice de FIB, mas trabalhar muito pouco também é ruim. É importante que as empresas ofereçam um trabalho que dê satisfação ao empregado e não seja apenas produtivo. Deveríamos dar mais valor ao tempo livre, o que também traz mais satisfação ao trabalho.

Pesquisas cruzando a performance econômica dos países e os sentimentos dos seus habitantes mostram que a "felicidade objetiva" (medida em índices de nutrição, saúde, renda per capita, educação etc) tem impacto muito fraco sobre a felicidade ligada à percepção interna, ao julgamento que a pessoa faz da própria vida. Em países muito pobres, o crescimento econômico melhora essa percepção, mas, nos lugares com nível de renda em torno de US$10 mil anuais per capita, ter mais dinheiro não traz estados mentais e emocionais mais agradáveis. A conclusão reforça o que o bom senso popular vive repetindo: dinheiro não traz felicidade para quem já tem dinheiro suficiente. E também desmente a máxima de que "Rico ri à toa". Tem muito rico depressivo, mal-humorado, pessimista e, inclusive, doente por conta de administrar sua fortuna.

Em pesquisa realizada por psiquiatras da USP em 2007 intitulada "Felicidade: uma revisão", chegou-se à conclusão de que os valores '*yuppies*', como dar mais ênfase ao dinheiro e ao sucesso do que ter amigos íntimos ou bom casamento, nos entristece.

No campo das ciências sociais, o World Values Surveys (WVS) é a maior pesquisa internacional abrangendo 68 países. O estudo publicado em 2006, relativo ao período de 1999 a 2002, apontou os quatro primeiros escores mais elevados de Felicidade em Porto Rico, México, Dinamarca e Colômbia, ficando os EUA em 15° lugar e o Brasil em 32° lugar, com 82,9% do povo se declarando feliz, o que se aproximou dos 80% constatados na pesquisa nacional realizada em 2007 pela Universidade de Fortaleza-Unifor para a Rede Lusófona de Estudos da Felicidade que reúne mais nove países de língua portuguesa. Segundo este estudo, ter uma família foi o fator número um para a felicidade dos brasileiros e a Saúde foi considerado item essencial para 75% dos brasileiros em outra pesquisa realizada em 2005 pelo Instituto britânico GFK Nop.

Dentre as demais pesquisas realizadas para mensurar o índice de Felicidade, encontradas na literatura, temos ainda:

i) **a Satisfaction with Life Scale (SWLS – 1985)** para verificar o julgamento pessoal do indivíduo sobre sua qualidade de vida;

ii) **a Oxford Happiness Inventory (OHI - 1989)** para avaliar as causas psicológicas gerais da felicidade, incluindo realização, satisfação, vigor e saúde;

iii) **a Subjective Happiness Scale (SHS – 1999)** para avaliar o índice de Felicidade Subjetiva;

iv) **a Positive and Negative Affect Schedule-expanded (PANAS-X – 1991)** para avaliar o afeto positivo (jovialidade, autoconfiança, atenção, surpresa e serenidade) e o afeto negativo (medo, tristeza, culpa, hostilidade, timidez, cansaço e surpresa); e

v) **a Depression-Happiness Scale (DHS – 1998 e 2004)** que avalia num pólo a Felicidade e no outro a Depressão.

E, segundo noticiado no site www.visaofuturo.org.br a Dra. Susan Andrews, psicóloga e antropóloga que fundou e coordena a ecovila Parque Ecológico Visão Futuro e o Instituto Visão Futuro, tem sido há muito tempo fascinada pelo conceito de FIB, uma vez que oito das nove dimensões do FIB são os oito princípios norteadores das ecovilas por meio do mundo. Depois de ter participado da 3ª Conferência Internacional sobre FIB na Tailândia, em 2007, a Dra. Susan foi convidada pelo movimento internacional para coordenar a disseminação do FIB no Brasil, que chegou a sediar a 5ª Conferência Internacional do FIB em 2009.

De lá para cá, diversos projetos FIB foram desenvolvidos sob a coordenação da Dra. Susan, tais como aqueles desenvolvidos nas cidades paulistas de Angatuba, Itapetininga e Campinas. Atualmente uma rede nacional de parceiros está sendo formada para disseminar o conceito FIB no Brasil, como podemos constatar no site http://www.felicidadeinternabruta.org.br/ .

Na 5ª Conferência, foi consenso entre várias autoridades participantes do painel FIB nas empresas, que a aplicação do conceito de Felicidade Interna Bruta tem influência direta no sucesso da gestão empresarial. A conclusão deste painel é que estas empresas obtêm resultados mais significativos se seus colaboradores são mais felizes, sendo esta felicidade traduzida em menores custos operacionais, aumento de produção, maior engajamento, melhor desempenho, e consequente reconhecimento profissional e melhor remuneração.

Nesse contexto, a implementação das nove dimensões do índice FIB (bem-estar psicológico, uso do tempo, vitalidade da comunidade, cultura, saúde, educação, diversidade do meio ambiente, padrão de vida e governança) nas empresas serve de ferramenta para valorizar o capital humano e, consequentemente, segundo estudos, aumentar a longevidade das companhias.

Um estudo da Universidade de Harvard (EUA), apresentado durante esta Conferência, concluiu que colaboradores com carga horária menor são mais produtivos do que aqueles que trabalham mais horas semanais. O estudo comparou a produtividade de duas empresas do mesmo setor, uma delas com 55 horas semanais e poucos dias de folga ou férias, e a outra com 40 horas semanais e mais descanso. Em quatro anos, a produtividade daqueles que trabalharam menos aumentou 5%.

Esse estudo foi apresentado pelo norte-americano John de Graaf, que é coordenador do movimento "*Take back your time*" (que em livre tradução significa "reconquiste seu tempo"), que tem como objetivo combater a falta de tempo livre e o excesso de trabalho nos Estados Unidos.

Como se vê, há várias iniciativas para medir-se a Felicidade Interna dos Países e que atualmente já vêm sendo adaptadas para aplicação interna nas empresas, algumas até com seus próprios índices de felicidade, sendo que uma das avaliações mais conhecidas e pretendidas, visando principalmente o clima interno empresarial, é o sistema desenvolvido pela Great Place to Work.

Aliás, esses pontos em busca da Felicidade estão presentes até em vários documentos oficiais, inclusive em diversas Constituições Federais, havendo uma proposta para incluí-los na Constituição Federal do Brasil.

33

# O Brasil está em busca da felicidade - A PEC da Felicidade

# O Brasil está em busca da felicidade – a PEC da Felicidade

Há Projetos de Emenda Constitucional tramitando no Congresso Nacional, determinando que os Direitos Sociais são essenciais à busca da felicidade.

Foram apresentadas as Propostas de Emenda Constitucional – PECs em 07/07/2010 no Senado a de nº 19/10, e em 04/08/2010 na Câmara dos Deputados a de nº 513/10, ambas conhecidas como a "PEC da Felicidade", e estão aguardando todas as aprovações para se tornarem lei, o que espero que não demore muito mais.

Elas classificam os direitos sociais do cidadão brasileiro como essenciais à busca da felicidade, alterando o artigo 6º da nossa Constituição Federal (CF/88) para estabelecer que a educação, a saúde, o trabalho, a moradia, o lazer, a segurança, a previdência social, a proteção à maternidade e à infância, e a assistência aos desamparados passem a ser direitos fundamentais para que os cidadãos possam buscar a felicidade.

Inclusive consta na Justificação da PEC 513, que conforme a Opinião Consultiva n. 5/85, de 13.11.1985, Série A, n. 5, parágrafos 66 e 67, da Corte Interamericana de Direitos Humanos, o objetivo primordial do Estado Democrático é *"a proteção dos direitos essenciais do homem e a criação de circunstâncias que lhe permitam evoluir espiritual e materialmente e atingir a felicidade"* (PIOVESAN, Flávia (coord.). Direitos Humanos, V I, Curitiba: Editora Juruá. 2006, p. 723).

Recorrendo ao filósofo grego Aristóteles, o ministro do Tribunal Superior do Trabalho (TST) Ives Gandra disse que o objetivo maior do Estado é tornar os cidadãos "amigos". "O que vai fazer qualquer um de nós atingir a felicidade é a prática das virtudes morais. A felicidade supõe sair de si e se preocupar com os outros. Sair de uma visão egoísta e partir para uma visão altruísta", declarou o ministro.

Pela proposta, a Constituição sofrerá a seguinte alteração:

> Art. 6º. São direitos sociais, essenciais à busca da felicidade, a educação, a saúde, o trabalho, a moradia, o lazer, a segurança, a previdência social, a proteção à maternidade e à infância, a assistência aos desamparados, na forma desta Constituição.

Para o publicitário Mauro Motoryn, idealizador do movimento Mais Feliz, que encampa a ideia de modificar a Constituição junto com uma série de entidades, o contraditório é fundamental para o enriquecimento do debate. Segundo ele, a felicidade é um bem-estar social e o momento, de "reviver uma utopia". O saudoso ex-jogador Sócrates, foi outro que aderiu ao movimento. Sua opinião sobre o movimento Mais Feliz: "é a cara do brasileiro, talvez a nossa *commodity* mais importante seja a felicidade".

A felicidade está elevada ao grau constitucional, também, em diversos ordenamentos jurídicos, como apresentado pelo Senador Cristovam Buarque na Justificação da PEC 19, dentre os quais posso citar:

**i) na Declaração de Direitos da Virgínia (EUA, 1776),** outorgava-se aos homens o direito de buscar e conquistar a felicidade;

**ii) na Declaração Francesa dos Direitos do Homem e do Cidadão (1789)** há a primeira noção coletiva de felicidade, determinando-se que as reivindicações dos indivíduos sempre se voltarão à felicidade geral;

**iii) no Reino do Butão,** onde foi concebido o FIB, tem determinado no artigo 9º da sua Constituição o dever do Estado de promover as condições necessárias para o fomento deste índice;

**iv) o artigo 13 da Constituição do Japão** determina que todas as pessoas têm direito à busca pela felicidade, desde que isso não interfira no bem-estar público, devendo o Estado, por leis e atos administrativos, empenhar-se na garantia às condições por atingir a felicidade; e

**v) o artigo 10 da Carta da Coreia do Sul** estatui que todos têm direito a alcançar a felicidade, atrelando esse direito ao dever do Estado em confirmar e assegurar os direitos humanos dos indivíduos.

O importante disso tudo que apresento a vocês (pois é sabido que há muito mais trabalhos em andamento, inclusive no Brasil), é a mobilização para pensarmos a respeito desta questão, pois com certeza só assim conseguiremos chegar ao índice que atenderá as necessidades de cada empresa, respeitadas as suas particularidades.

E já conhecia o WBB - Well Being Brazil

(Índice de Bem-estar Brasileiro)?

37

# E já conhecia o WBB - *Well Being Brazil* (Índice de bem-estar brasileiro)?

Conforme noticiado em 13/03/2013 pelo jornalista Luiz Guilherme Gerbelli de O Estado de S. Paulo, o Well Being Brazil – WBB, o "Índice de bem-estar brasileiro" era esperado para dezembro" de 2013. Ele está sendo coordenado por meio de uma parceria entre a Escola de Administração de Empresas de São Paulo da Fundação Getulio Vargas (FGV -Eaesp), o Movimento Mais Feliz e a rede social MyFunCity.

> O WBB será diferente das medições atuais – como a Felicidade Interna Bruta (FIB) – que calculam a riqueza de uma região em concorrência aos indicadores tradicionais, como o Produto Interno Bruto (PIB) e o Índice de Desenvolvimento Humano (IDH).
>
> "Os indicadores já existentes, como o FIB, são bons, mas nenhum deles consegue responder plenamente o que nós queremos saber: o que realmente é um fator de bem-estar para o brasileiro. E nós entendemos que só existe um caminho para isso que é perguntar ao cidadão", afirma Fabio Gallo, professor da FGV que, ao lado de Wesley Mendes, participa do desenvolvimento do estudo. (...)
>
> Ao todo, 10 indicadores vão compor o WBB. Entre as áreas pesquisadas, estão transporte e mobilidade, profissão e dinheiro, consumo, entre outras. (...)
>
> Dessa forma, a expectativa dos pesquisadores é que o trabalho também sirva de guia para o poder público e até para a iniciativa privada. A rede social MyFunCity vai operar paralelamente com o levantamento de dados e ajudar a identificar as tendências de necessidade da população. "A gente incentiva a participação popular na gestão, a definição de prioridade no planejamento público e o índice de satisfação por rua, bairro e cada cidade do País", afirma Mauro Motoryn, criador e presidente do Movimento Mais Feliz e MyFunCity e também encabeça o projeto. "Nós conseguimos chegar ao índice de satisfação de cada cidade, bairro e rua do País", afirma Motoryn.
>
> O estudo para a criação do índice de bem-estar do Brasil começou há cerca de um ano e foi impulsionado pela decisão da FGV-Eaesp de criar o Instituto de Finanças.
>
> "Do ponto de vista acadêmico, contamos com a estrutura do Instituto de Finanças e da Eaesp para desenvolver toda a metodologia do índice. Do ponto de vista de difusão, nós

contamos com a força da rede MyFunCity que atinge o cidadão onde ele estiver. A rede é capaz de captar a opinião do cidadão onde quer que ele esteja", afirma Gallo[7].

Enfim, isso tudo é importante, porém transita na seara do estudo e discussão. Precisamos de fato passar para a ação. Não podemos ficar esperando a elaboração de um índice que definirá se uma empresa é feliz ou não; se é alegre ou não, se é bem-humorada ou não. Porque enquanto não tirarmos isso tudo do papel, agindo e nos dedicando a praticar efetivamente o bom humor responsável no ambiente de trabalho, estaremos na mesma situação exemplificada nesta história, cujo autor é desconhecido:

> Dois macacos estavam num galho, quando um decide pular. Quantos sobraram no galho? Isso mesmo, os dois, pois aquele um apenas decidiu pular, mas não pulou.

Isso nos remete à importância da ação, de partirmos para a prática.

---

7 *Índice de bem-estar brasileiro.* <http://economia.estadao.com.br/noticias/economia-brasil,indicede-bem-estar-brasileiro-sai-ate-dezembro,146975,0.htm> Acesso em: 16 fev. 2014.

# Então, vamos aplicar o método S.M.I.L.E.?

## Então, vamos aplicar o método S.M.I.L.E.?

E é isso que faremos a partir de agora; colocaremos em prática por meio do Método que criei e lhes apresento: "o método S.M.I.L.E. para Gestão do Humor no Ambiente de Trabalho", de forma responsável e que compreende as seguintes etapas básicas, apresentadas na forma do acróstico, abaixo:

***S = Sorria***

***M = Mude de Atitude***

***I = Identifique Oportunidades***

***L = Lidere Positivamente***

***E = Envolva e Execute***

Fui muito feliz na escolha deste acróstico, pois além de nos remeter imediatamente ao seu próprio objetivo, qual seja, destacar a importância do sorriso neste processo, ele por si só já significa isso, sendo uma das palavras, ainda que em língua estrangeira, mais conhecida e familiar a todos nós.

E eu escolhi representar meu método por meio de um acróstico, porque acredito que ele é uma forma muito eficaz de memorização da sequência do processo, pois acaba por nos remeter facilmente à fase seguinte ou anterior de maneira simples, rápida e eficaz.

Algumas pessoas se referem ao método como um acrônimo, ou seja, uma forma de abreviar pequenos textos e que acaba por se confundir com a sigla. Já o acróstico tem uma áurea poética, muito utilizado em poemas e poesias de amor. Quem nunca escreveu uma carta de amor utilizando um acróstico formado com as iniciais do nome da pessoa amada?

Aliás, nesse momento, faça uma pausa, e use de sua criatividade para escrever um acróstico para sua cara metade, assim como eu acabo de fazer para minha querida esposa:

A – alguém que

N – nunca

D – deixarei ao

R – relento

E – esperando meu

A – amor

Só essa já valeu a leitura, não é mesmo!?

E o que mais gostei ao escolher o acróstico S.M.I.L.E. é que além de tudo ele se apresenta na estrutura correta de implementação do método, como veremos a seguir letra por letra, fase por fase, estágio por estágio.

Antes, porém, é importante que tenhamos sempre em mente o equilíbrio e o bom senso nestas ações, não devendo a empresa procurar por implantar 100% de descontração, mas também não deixar que prevaleça o mau humor em seu ambiente corporativo.

## S = Sorria

M = Mude de Atitude

I = Identifique Oportunidades

L = Lidere Positivamente

E = Envolva e Execute

Sorria

# SORRIA

As pessoas estão rindo cada vez menos. O mau humor continua imperando no ambiente de trabalho.

A psicologia nos mostra que as crianças riem em média 400 vezes por dia. Ainda que não consigamos comprovar este número, é certo que elas riem muito. O problema é que esta criança vai crescendo, e sendo submetida à uma série de preconceitos, preocupações, problemas, chegando totalmente estressada em sua fase adulta, se aproveitando de não mais do que vinte risadas por dia, em média. E mais uma vez esse número também não tem comprovação científica, mas nos dá uma ideia de grandeza. E olha que dessas vinte risadas, apenas cinco, ou seja, vinte e cinco por cento, são risadas verdadeiras. Os setenta e cinco por cento restantes são risadas cordiais, daquelas para não perder o amigo. Isso vale dizer que deixamos diariamente para trás trezentas e oitenta risadas. E daí?

Daí que riso é saúde e não podemos desperdiçar seus benefícios por puro preconceito ou vergonha de parecermos criança perante a sociedade, que infelizmente ainda repudia a alegria perante os adultos, taxando-a no mínimo de falta de responsabilidade e comprometimento, quando não ataca o receio de perder a autoridade, como se isso fosse sinônimo de insucesso profissional.

Mas felizmente tenho visto nesta minha caminhada em centenas de palestras que as empresas começam a perceber o bom humor entre seus colaboradores como uma forma positiva de agregar o grupo, obtendo dele melhores resultados, tanto no nível pessoal, como profissional.

Mas como recuperarmos estas centenas de risadas perdidas por dia? Ouço muito em minhas palestras as pessoas indagando: quais motivos temos para rir tanto? O salário não chega até o fim do mês! O desemprego anda em nosso encalço diariamente! Quais motivos temos para rir? Ligamos a televisão e só assistimos desgraças, notícias ruins! No rádio ouvimos diuturnamente falcatruas políticas daqueles que escolhemos nos representar no Governo, enganados pelas falsas promessas de luta por causas justas e dignas. Que motivos nós temos para rir?

Aliás o que mais ouço com frequência é que "rir muito é coisa de gente boba". E mais do que depressa respondo que "rir muito não é coisa de gente boba, rir muito é coisa de gente, é que tem gente boba que também ri muito". Ora, não é por que louco ri muito, que rir muito é coisa de gente louca; não é por que um ladrão ri muito, que rir é coisa de bandido, e por aí vai.

Então, logo emendam: "ok, Marcelo, então como eu faço para rir se não tenho motivos?". Eu respondo: não se preocupe muito com isso não, pois tenho uma boa, ou melhor, uma excelente notícia para você, leitor, que se identifica com as razões acima: não precisamos de motivos para rir! Quem nos disse que precisamos de motivos para rir? Vamos quebrar mais este forte paradigma, de que para rir, precisamos de alguém para nos contar uma piada, ou assistirmos há um programa de pegadinhas, um filme de comédia, etc. Isso ajuda muito a despertar o riso em nós, mas não dependemos fisiologicamente destes gatilhos para rirmos.

## Sabia que nós não precisamos de motivos para rir?

Como assim? Ora, o riso é uma atividade física aeróbica intensa. Basta termos a vontade ou necessidade de rir, que podemos fazê-lo, apenas forçando uma risada. Isso mesmo! Podemos forçar a risada, assim como forçamos a atividade física aeróbica, mesmo quando estamos com aquela preguiça de nos exercitarmos. Basta soltar um: ah ah ah, eh eh eh, ou qualquer outra vogal com a qual se identifique para gargalhar.

Legal, então vou repetir: rir é uma excelente ginástica aeróbica. Tanto que o cientista e professor norte americano Robert Provine nos apresenta uma comparação, apenas para percebermos o poder aeróbico da risada:

- Cinco minutos de boas gargalhadas equivalem à quarenta e cinco minutos de exercícios físicos aeróbicos;
- Rir cem vezes ao dia equivale a remarmos por dez minutos;
- Rir por seis horas é o mesmo que nadarmos quatrocentos metros ou corrermos por vinte minutos.

É claro que se rirmos por seis horas sem parar, cairemos duros no chão, pois a atividade é intensa, mas este comparativo nos mostra o quão poderosa é a atividade física aeróbica quando damos boas gargalhadas.

## Entenda o riso como forma de aquecimento físico aeróbico

Como estudioso do riso, posso afirmar que se você não acredita ser o riso a melhor ginástica, com certeza a partir de agora não poderá ignorar que ele é o seu melhor aquecimento aeróbico, ou seja, com oxigênio. Constatei isso em 2009 no Parque do Ibirapuera, em São Paulo, durante a III Caminhada da Solidariedade na abertura dos Jogos do Sindusfarma – Sindicato da Indústria Farmacêutica, quando comandei como forma de aquecimento físico, emocional e espiritual, junto com mais de 100 atletas e familiares, das mais variadas idades, a primeira ginástica do riso em praça pública, à moda do Clube da Gargalhada de São Paulo, fundado por mim no mesmo ano, ao propor exercícios como o "Riso do Observador", o "Riso do Metro", o "Riso do Arco e Flecha", o "Riso Pisando em Brasas" e muitos outros. Pudemos notar a alegria nos olhos de todos e a proximidade que o riso gerou entre os participantes.

Isso por que o riso nivela todas as pessoas, rompendo com diversas barreiras sociais. Na gargalhada não existe chefe e subordinado, homem e mulher, adulto e criança, rico e pobre, pois quando rimos, todos somos iguais. Com isso a caminhada ou qualquer outra atividade que se segue à uma sessão de gargalhadas, transcorre com muita alegria, leveza, união, descontração e saúde para dar e vender.

Segundo publicado na Revista Brasileira de Medicina do Esporte, vários pesquisadores revisaram sessenta e dois artigos médicos publicados entre 1978 e 2008, concluindo que o aquecimento muscular tem como principal objetivo prevenir lesões devido à sua gama de efeitos fisiológicos.

Vale ressaltar que o trabalho de aquecimento deve mesclar exercícios de mobilidade articular e muscular, além de exercícios aeróbicos dentre os quais podemos incluir exercícios com risadas que poderão nos propiciar diversos benefícios, dentre os quais citamos:

- Preparação do sistema cardiovascular para o trabalho por meio do aumento da frequência cardíaca;
- Aumento do fluxo sanguíneo para os músculos ativos e da temperatura corporal;
- Aceleração da liberação de energia no organismo;
- Aumento da troca de oxigênio na hemoglobina e da velocidade de impulsos nervosos;
- Diminuição da tensão muscular; e,
- Preparação psicológica para o início do treino.

Isso sem mencionar que o riso é gratuito e pode ser utilizado a qualquer hora do nosso dia, não havendo necessidade de prescrição médica e apresentando poucas contraindicações, das quais reputo de maior importância o riso sem permissão, que além de ferir a alma e estima de quem o recebe, pode ser prejudicial aos dentes (entendeu?).

Os exercícios aeróbicos trabalham diversos músculos de forma rítmica, utilizando o oxigênio no processo de geração de energia dos músculos e também para queimar gordura e glicose que produzem adenosina trifosfato, responsável por transportar energia para as células, estimulando a função dos sistemas cardiorrespiratório, vascular, e o metabolismo.

Os principais e mais benéficos exercícios aeróbicos são a caminhada, a corrida, o ciclismo, a natação e por que não incluirmos a risada? Eu inclusive a considero um tipo de esporte. Quer saber o por quê?

## Oba, rir também é esporte!

Pode parecer piada, mas o riso também é esporte. Isso mesmo! risada é ação, assim como qualquer modalidade de esporte. No esporte competitivo, o riso ajuda na preparação e união da equipe, pois além de ser um dos mais completos exercícios aeróbicos, ele fortalece a união do time, aproximando física e emocionalmente todos os atletas.

E quando praticamos esporte apenas para nos divertirmos, além dos benefícios físicos proporcionados, conseguimos mais disposição, alegria, e a redução do estresse diário, além de facilitarmos a aproximação das pessoas, conseguindo novos amigos ou colegas na modalidade esportiva praticada. A atividade séria demais é cansativa e monótona. Brincar é se libertar. Brincar é, além de tudo, um esporte para todas as idades.

Já no esporte individual, o riso melhora a performance, uma vez que torna a atividade mais prazerosa e descontraída e no esporte coletivo ele ajuda no comprometimento e na união dos jogadores, lembrando que a união faz os campeões.

Devemos também prestar atenção nas palavras durante os treinos e partidas, devendo utilizar palavras positivas com mais frequência, pois além de melhorarem o desempenho dos atletas, tornam a prática do esporte mais divertida.

O escritor Hal Urban, em seu livro "Palavras Positivas, Mudanças Significativas" nos lembra que nos EUA, muitas das ligas juvenis que promovem campeonatos de futebol e de futebol americano exigem que, no começo de cada temporada, pais, técnicos e jogadores assinem um pacto sobre linguagem e comportamentos positivos. Os resultados têm sido incríveis.

Hal destaca que "antigamente muitos técnicos não se viam como professores. Eles gostavam mais de se comparar com generais liderando tropas rumo à batalha. Foi desse comportamento que se originou o estilo militar de treinamento com gritos no rosto dos atletas, palavrões e insultos. Infelizmente ainda existem técnicos que adotam esse método".

Mas atualmente a maioria dos técnicos entende que sua principal responsabilidade é transmitir conhecimentos, desenvolver as habilidades dos atletas e obter o melhor da parte deles, isto é, fazer com que atinjam um desempenho do mais alto nível. Neste aspecto, devemos aprender com as mulheres, pois elas tendem a não criticar tanto as colegas e mostram maior disposição para estimulá-las e reconhecer suas boas jogadas.

Por fim, Hal Hurban nos conta que John Wooden, um fantástico treinador do time de basquete da Universidade da Califórnia, no livro *"Wooden: uma vida de observações e reflexões dentro e fora da quadra"* escrito com Steve Jamison, faz importantes considerações:

- controle seu temperamento e não fale palavras grosseiras;
- liderança é a capacidade de levar os indivíduos a trabalhar pelo bem-comum;
- críticas duras feitas em público deixam as pessoas constrangidas;
- hostilizar, debochar e provocar o adversário demonstra total falta de respeito;
- até os indivíduos que não estão jogando tão bem são necessários e precisam ter isso em mente;
- ofereça sinceramente um cumprimento ou elogio individual, sempre que possível;
- mostre classe e respeito tanto na vitória quanto na derrota.

Você deve estar imaginando uma partida entre Palmeiras e Corinthians com todos estes cuidados, não é? Pois é por falta deles que assistimos à tanta violência, dentro e fora dos estádios espalhados por todo nosso país. Concordo que, principalmente na torcida, esta explosão de emoção fica difícil de conter de forma amistosa, mas que ela se restrinja nas arquibancadas e não resulte em contato físico, principalmente fora dos estádios. Que funcione como uma forma de catarse, tão somente.

Aliás, você pode até achar que estou viajando na maionese, mas por que não comemoramos também os gols sofridos, já que eles nos mostram as falhas cometidas e as oportunidades para melhorarmos? Há uma passagem no filme "Escola da Vida" do diretor William Dear, em que o time local, comandado pelo Sr. D (estrelado por Ryan Reynolds) festeja os gols sofridos, com todo apoio do técnico e da torcida. Pensem nisso!

E em época de Copa do Mundo, em nosso maravilhoso Brasil, deveríamos dar mais atenção a este tipo de atividade física, pois em uma pesquisa realizada na Alemanha, pelo Departamento de Psicologia de Dusseldorf, concluiu-se que *"rir é tão bom para o organismo quanto praticar esportes"*.

Inclusive, já no séc. XIX, o filósofo Herbert Spenser foi um dos primeiros cientistas sérios a mencionar os efeitos massageadores do riso, em seu trabalho realizado em 1960, chamado *The physiology of laughter* (A fisiologia do riso). Ele estava convencido de que o riso é um mecanismo essencial para se restabelecer o conforto físico e o equilíbrio biológico e interior.

O médico William Fry Jr., conhecido como "Doutor Humor", tendo pesquisado o riso por mais de 30 anos, declarou em 1991 que *"o humor transforma as pessoas. E o efeito não termina na garganta... a alegria mexe com o corpo todo, tanto no aspecto físico quanto no biológico"*. Ele chama isso de "massagem interna", pois primeiro nosso corpo é movimentado e exercitado e depois ocorre o seu relaxamento, tranquilizando-se.

Ele acrescenta ainda que a gargalhada é um excelente exercício aeróbico, que ventila os pulmões, relaxa e aquece os músculos, os nervos, acelera as batidas do coração, aumenta a pressão arterial, a respiração, melhora a circulação e aumenta a inalação e a exalação do ar.

Suas pesquisas mostram que uma gargalhada, além de tudo, exercita os grupos musculares dos ombros, dos braços, do abdome, do diafragma e das pernas. Alguns estudiosos chegam a informar que ocorre a movimentação de aproximadamente 400 músculos e órgãos (internos e externos) do corpo. Não consegui comprovar este número, mas com certeza nosso corpo balança por completo.

Prova disso são os efeitos percebidos após uma gostosa e aberta gargalhada, tais como o suador, a tosse, o calor, a dor no estômago, a face avermelhada etc., todos sintomas de exercícios físicos intensos. Quer experimentar? Faça um teste, mesmo forçando a risada, aliás, sabia que o nosso cérebro não diferencia a risada natural da risada forçada?

## Sabia que o nosso cérebro não diferencia o riso imotivado do riso natural?

Uma outra questão que torna esta nova opção de exercício aeróbico muito importante é que o nosso cérebro não diferencia o riso imotivado do riso natural. Para ele tudo é risada. Aliás o estudo científico que chegou à esta conclusão foi uma das inspirações do Dr.

Madan Kataria para criação do movimento mundial dos Clubes do Riso em 1995 na Índia, que trataremos mais adiante. Sendo que os benefícios físicos obtidos com o riso e ainda mais com a gargalhada, mesmo que imotivadas, são os mesmos, fisiologicamente falando, pois psicologicamente sabemos que o riso imotivado pode desencadear alguns problemas psicológicos indesejados.

Mas fisiologicamente, para o nosso organismo, mesmo o riso imotivado é muito importante, pois como vimos ele exerce uma atividade excelente, movimentando inúmeros músculos internos e externos do nosso corpo.

## Experimente os benefícios físicos do riso

Segue uma breve apresentação destes benefícios físicos produzidos durante uma gostosa gargalhada:

- o cérebro produz endorfinas, que têm um poder analgésico e anestésico muito superior que a própria morfina, o que justifica o aumento do movimento de humanização do ambiente hospitalar com a presença dos palhacinhos que buscam alegrar os pacientes, elevando sua autoestima, amor pela vida, redução da dor e assim acelerando o processo de cura;
- o pulmão inspira e expele o ar em uma grande velocidade, o que ajuda a oxigenar o nosso corpo por inteiro, desde a sola do pé até o topo da cabeça, com destaque para o cérebro, que bem oxigenado nos proporciona pensar com maior clareza e criatividade;
- o coração bombeia o sangue com muito mais vigor, fortalecendo as artérias e músculos cardíacos;
- nosso sistema imunológico se fortalece com o aumento na produção de imunoglobulinas do tipo A, que é a nossa primeira linha de defesa contra diversas doenças virais e bacterianas;
- a nossa face fica mais vermelha por conta da oxigenação e circulação sanguínea intensa nesta região, melhorando a tonicidade da pele. Na verdade, durante a risada movimentamos diversos músculos faciais, sendo uma excelente massagem facial, o que

quebra mais um paradigma que atormenta principalmente as mulheres, de que rir muito cria pé de galinha;

- não devendo esquecer ainda que o cérebro durante uma gostosa gargalhada também produz a serotonina, que combate diretamente o cortisol, o hormônio do estresse, ajudando a trazê-lo para níveis aceitáveis em nosso organismo;
- e nos proporciona no mínimo mais algumas dezenas de benefícios indicados pelo também gelotólogo argentino Rubén Delauro em sua obra La Risa Y la Salud publicada em 2006:

1. o riso estimula eletricamente a glândula pituitária;
2. produz fibrilações desde o músculo zigomático maior até o timo, estimulando-os;
3. provoca o incremento de interferon, que defende nosso organismo de agentes externos, como vírus e bactérias;
4. diminui a presença de adrenalina no sangue, evitando os riscos de aumento da pressão sanguínea;
5. alivia os vasos sanguíneos cerebrais congestionados pelos hábitos mentais negativos, reduzindo o risco de AVC (acidente vascular cerebral);
6. ajuda a diminuir o colesterol e a glicose no sangue;
7. contribui ao descenso da sedimentação no sangue;
8. facilita a liberação de lipoproteínas no sangue, útil para a defesa de enfermidades vasculares;
9. ajuda a concentração de colágeno em todo o organismo;
10. facilita a redução dos processos inflamatórios,
11. provoca o relaxamento do tono muscular, com o qual se aliviam as dores;
12. reduz a sensibilidade à incomodidade,
13. aumenta as contrações do músculo diafragmático,

14. triplica as 12 respirações por minuto habituais, chegando o ar até zonas recônditas dos pulmões. Este aumento na frequência e na intensidade respiratória provoca o movimento de 12 litros de ar por minuto quando o normal é de 1 a 6 litros;
15. facilita o processo digestivo;
16. induz a um sono melhor;
17. colabora com a diminuição das rugas no rosto;
18. predispõe a uma maior criatividade;
19. incrementa a energia vital mediante a estimulação nervosa;
20. permite ficar alheio às preocupações, diminuindo os riscos de estresse negativo (distresse);
21. provoca um relaxamento ativo (relaxa e energiza ao mesmo tempo);
22. ajuda a reverter os processos depressivos;
23. facilita a relação com nosso subconsciente: ao sorrir e rir estamos dizendo que tudo está bem e o predispomos a nosso favor;
24. produz um freio contra a agressividade de terceiros;
25. melhora as relações com nosso entorno cotidiano;
26. nos torna mais populares e bem recebidos; e,
27. nas palavras de Mark Twain: 'diminui as contas do médico!".

Segundo o colega Dr. Eduardo Lambert em entrevista concedida ao site Vya Estelar, em setembro de 2008, quando questionado se rir ajuda a combater o infarto e doenças coronárias, ele responde que:

> Ao rir você vai ter uma proteção vascular contra anginas, contra infartos, contra derrames e doenças vasculares. Não só em nível cardíaco como em nível cerebral. Por que o riso permite um relaxamento que ajuda a normalizar a respiração arterial. Se as pessoas tivessem o hábito de rir várias vezes ao dia, es-

tariam amenizando a descarga de adrenalina no organismo e permitindo uma descarga de endorfinas. Pessoas mal-humoradas, impacientes, irritadas, contrariadas, rígidas (inclusive consigo mesmas) e autoritárias vivem num processo de tensão muito maior e esta tensão propicia uma descarga muito maior de adrenalina e consequentemente uma predisposição maior para acidentes vasculares como os infartos, as anginas e até os derrames. E os órgãos mais beneficiados são o fígado, coração e o aparelho digestivo. As emoções negativas afetam o organismo. A inveja afeta o fígado, o ciúme pode afetar os órgãos do peito e do coração, o autoritarismo pode afetar o fígado e os rins; e provocar a formação de tumores e câncer[8].

E tudo isso conseguimos mesmo forçando a risada, de início, sendo ao final contagiados por conta dos neurônios espelho, passando a usufruir de um riso verdadeiro, que o nosso cérebro assim o entende. E essa é mais uma premissa científica, em que o médico indiano Dr. Kataria, ao estudar o poder contagioso da risada como tema de sua tese de doutorado, teve como inspiração que o levou a criar o movimento que em pouco tempo se tornou praticado mundialmente. Vamos conhecer agora o fascinante mundo dos Clubes do Riso, onde não é necessário menosprezar as pessoas e nem suas deficiências para rir, pois no Clube o princípio maior é "rir com as pessoas e não das pessoas".

Você, leitor, vai entender o valor deste princípio, principalmente no mundo corporativo, quando chegarmos no capítulo que trata das brincadeiras de mau gosto que geram situações de assédio moral, causando condenações importantes para empresas.

## Saiba como surgiu o clube do riso no mundo e no Brasil

Diante destes benefícios, iniciou-se numa praça em Mumbai, na Índia, em março de 1995, pelo médico indiano Dr. Madam Kataria, o movimento mundial dos Clubes do Riso, no qual as pessoas se reúnem apenas para rir, sem qualquer motivo. Tanto que o lema deste movimento é "Finja, Finja, até que Atinja", ou seja, finja que você está rindo que ao final você estará rindo com vontade, em virtude do poder contagiante que o riso exerce, por meio da ação dos nossos neurônios espelhos, situados no cérebro, que são da mesma forma ativados quando

[8] http://www2.uol.com.br/vyaestelar/vya_estela60.htm. Acesso em: 16 fev. 2014.

vemos alguém bocejando à nossa frente. Duvido que você tenha resistido nesse momento a um gostoso bocejo. Acertei?

O movimento dos Clubes do Riso vem crescendo muito no mundo todo, pois a Sra. Maduri, esposa do Dr. Kataria, ajudou-o a criar uma nova forma de ioga, conhecida como Hashya Yoga, ou seja, Yoga da Gargalhada (Hashya em sânscrito significa gargalhada) e que não exige que tenhamos a flexibilidade necessária nos movimentos tradicionais de ioga que conhecemos, bastando apenas que tenhamos a predisposição para rir, sem motivo algum.

O riso tradicional do Clube do Riso é o mantra Ho – Ho – Há – Há – Há. Um tipo de risada que se baseia no método chamado na Yoga de Respiração Pranayama, muito utilizado por cantores e músicos por trabalhar a respiração abdominal, no qual inspiramos o ar ao rir Ho Ho e expiramos o ar ao riso do Há Há Há. Notem que este método nos ensina que devemos expirar mais do que inspirar, melhorando a oxigenação do corpo como um todo.

Por esse motivo, hoje temos mais de oito mil Clubes do Riso, espalhados por mais de 70 países, estando presente no Brasil desde 2004 em Belo Horizonte e desde 2009 em São Paulo, quando fundei o Clube da Gargalhada de São Paulo.

Interessante frisar que no dia em que fundei o clube em São Paulo, que ocorreu no Parque do Ibirapuera, esperava reunir um grande grupo de pessoas interessadas em participar, até por entender que, sendo o Brasil um país de pessoas alegres, em São Paulo - megalópole que abrange o maior número destas pessoas – seria fácil obter a adesão de muitos participantes.

Mas para minha surpresa, se não tivesse levado minha família para garantir, talvez estaria até hoje rindo sozinho. E isso hoje eu entendo perfeitamente, pois pesquisando o porquê disso ter ocorrido, percebi que as pessoas têm dificuldade de rir junto com outras que não conhecem. As pessoas riem muito quando estão com pessoas próximas ou da sua rede de relacionamento.

Então criei um espaço na Zona Norte de São Paulo com o propósito de reunir pessoas interessadas em participar. Mas com o passar do tempo, decidi por transformar o Espaço do Riso físico pelo virtual por meio do site www.doutorrisadinha.com e a partir daí, ao invés de fazer as pessoas se deslocarem até o clube, decidi levar as atividades do clube até elas, o que venho fazendo por meio das palestras que ministro por todo o país, quando aproveito para apresentar os fundamentos e práticas desenvolvidas no Clube da Gargalhada em todo o planeta.

Desejo encontrar vocês, leitores, nas próximas palestras em que eu promover, aí próximo de vocês, porém até lá lhes convido a experimentarem o poder da verdadeira gargalhada, rindo com as pessoas e não das pessoas. Lembrem-se deste valioso princípio!

## Conheça o poder da verdadeira gargalhada como forma de catarse

E por falar em gargalhada, você já gargalhou hoje? Quantas vezes você gargalha por dia? Sabia que a gargalhada é um importante instrumento de catarse? Isso mesmo, quando estamos sofrendo uma forte pressão ou sob o efeito de um grande estresse e precisamos descarregar esta tensão, reagimos de várias formas, quais sejam, choramos, gritamos, xingamos, batemos, brigamos, quebramos etc. Eu recomendo não recorrermos a nenhuma dessas alternativas, mas sim, gargalharmos, pois a gargalhada além de nos aliviar dessa tensão e estresse, não causa prejuízo a ninguém e nos proporciona todos aqueles, e muito mais, benefícios já vistos anteriormente.

E caso você esteja no meio de várias pessoas desconhecidas e tenha receio de dar uma boa gargalhada para aliviar sua tensão, sirva-se do telefone celular e mesmo com ele desligado, simule o recebimento de uma ligação divertida e ria muito, pois assim não parecerá que endoidou e estimulará a curiosidade de quem estiver ao seu redor para conhecer "a piada" que causou tamanha gargalhada. Uma curiosidade: este tipo de risada ao celular é conhecida na Escola do Riso em Portugal, como o "Riso Telemóvel"!

Como podemos ver, não há motivos para deixarmos de rir e passarmos a recuperar as centenas de risadas diárias que deixamos para trás desde nossa infância por puro receio de parecermos crianças ou perdermos o respeito dos outros. Com isso ficam claros os benefícios que ele proporciona à nossa saúde e relacionamentos pessoais e profissionais, sendo o ponto de partida do nosso método S.M.I.L.E. para Gestão do Humor e inserção da descontração responsável no ambiente de trabalho.

Mas é verdade também que não se vive só de risadas e que apenas o sorriso, apesar de muito importante, por si só não resolve. É bem verdade que excesso de amabilidades, alegria e diversão sem objetividade causam irritação. Temos de ser competentes no que fazemos. Vale dizer que não será só pelas saudáveis e respeitosas risadas que conseguiremos tornar nossas empresas mais bem-humoradas.

Sabemos que toda e qualquer mudança deve começar primeiro em nós mesmos. Então, se queremos trabalhar numa empresa bem-humorada, devemos nos tornar, primeiro, pessoas bem-humoradas, sendo o sorriso um dos seus mais importantes gatilhos. Mas para isso é necessário que haja uma mudança interna de atitude e assim entramos na segunda fase deste novo método.

S = Sorria

**M = Mude de Atitude**

I = Identifique Oportunidades

L = Lidere Positivamente

E = Envolva e Execute

# MUDE DE ATITUDE

## Qual é a sua atitude para hoje?

A escolha de nossa atitude diária só depende de nós. Este é um dos maiores presentes que Deus nos deu: o nosso livre arbítrio. Só nós podemos escolher nossa atitude, mais ninguém! As pessoas tentarão influenciar nesta nossa escolha, mas se estivermos convencidos dela, será muito mais difícil nos desviarmos do nosso caminho. E basicamente, as opções que temos são: atitude negativa, atitude neutra ou atitude positiva. A escolha é sua!

Devo ressaltar que somos responsáveis pelas nossas escolhas. Existe uma pequena parcela das situações cotidianas que acontecem conosco, sobre as quais não temos nenhum tipo de ação. É o ônibus que chega atrasado, o avião que desvia o pouso por motivo de não haver teto, o passarinho que faz coco em nossa cabeça etc. Não adianta espernear, pois não tínhamos como prever ou evitar este tipo de ocorrência. Mas dependendo da nossa reação, desencadeamos um processo que refletirá na maior parte das situações que surgirão a partir daí, das quais somos os principais responsáveis.

Então da próxima vez que se deparar com uma situação da qual não teve ação da sua parte, lembre-se disso e mantenha a calma, pensando como tirar proveito dela, seja fazendo novas amizades ou percebendo novas sensações ou ainda adquirindo novos conhecimentos, aproveitando, caso esta situação inesperada envolva o tempo, para ler um livro (deixo aqui como sugestão, sempre andar acompanhado de um livro em sua pasta, bolsa ou sacola. Ele se mostrará um excelente e proveitoso amigo de bom papo. Uma dica: aproveite para praticar esta sugestão com este livro que você está lendo ou com o "Sorria, você está sendo curado!), evitando assim causar dissabores a quem estiver ao seu lado neste momento.

Não podemos nos esquecer que seremos lembrados na vida pelos problemas que resolvemos e por aqueles que criamos, como também pelas alegrias e tristezas que proporcionamos. Então como você quer ser lembrado?

Para exemplificar essa situação, gosto de mencionar a cena do filme *Antes de Partir*, quando o Morgan Freeman explica para Jack Nicholson, a mensagem dos deuses egípcios que perguntavam aos recém-chegados ao Portal do Céu: você teve alegria em sua vida? Você alegrou as pessoas que estiveram ao seu redor? Sendo a resposta negativa, não seria permitida a entrada no Reino do Céu.

E aqui entra em ação a terceira lei de Newton – ação e reação, então se você reflete entusiasmo e alegria, receberá de volta entusiasmo e alegria.

Diante disso, cabe a nós escolhermos nossa atitude, lembrando que seremos responsáveis pelas consequências que esta escolha acarretará. Porém, será esta escolha que nos deixará vacinados quanto às diversas interferências externas que sofreremos para alterar esta nossa escolha.

## Será uma atitude negativa? Será!

Assim sendo, se opto logo no início do meu dia por uma Atitude Negativa, irei chatear todos os que estiverem ao meu lado, gerando um círculo vicioso, que fará do meu dia um verdadeiro inferno. E olha que é preciso o dobro de energia para ser negativo do que para ser positivo. É por isso que, no final de uma discussão, nos sentimos exaustos.

Você deve saber que o nosso cérebro determina o nosso pensamento e como eu penso eu me comporto. Portanto, diante da ira há um desequilíbrio entre os dois lados do nosso cérebro e isso é perceptível por todos, menos pelo irado. Quando estamos à beira de um ataque de nervos o que está predominando é o lado direito do cérebro, que é o lado da emoção, por este motivo que recomenda-se contar até dez ou até 1.000 em alguns casos, pois agindo assim, estaremos reativando o lado esquerdo do cérebro, que é o hemisfério da razão, passando então a disponibilizar respostas mais centradas e um comportamento mais controlado.

Não estou aqui defendendo que devemos ter sangue de barata, apenas destacando que devemos ter controle e equilíbrio, o máximo possível, sobre nossas emoções, principalmente quando são negativas.

E apenas para refletir antes de optar por esta escolha, eu lhe deixo uma passagem da Bíblia que nos ensina: *"um coração alegre faz tão bem quanto um remédio, mas uma alma abatida, seca os ossos"*. (Provérbios 17:22)

## Tudo menos uma atitude neutra!

Agora, se a minha escolha recair sobre a Atitude Neutra, eu sairei de casa e para ela retornarei sem que ninguém tenha me notado. Isso acontece assim mesmo.

Para exemplificar esta situação, gosto de lembrar um causo que circulou em 2011 nos Estados Unidos, dando conta de que numa empresa de Nova Iorque, um senhor chamado George Turklebaum de 51 anos, que trabalhava como Verificador de Textos, foi percebido falecido em sua mesa de trabalho somente cinco dias depois de ter sofrido uma parada cardíaca fulminante que o manteve sentado em posição de trabalho. Ainda que alguns acreditem tratar-se de uma lenda urbana, gosto desse caso, que caracteriza bem essa escolha pela atitude neutra.

Isso só aconteceu, por que ele era uma pessoa que chegava ao trabalho antes de todos e saía por último, não mantendo contato com seus pares durante todo o dia, inclusive durante o intervalo para o almoço. Essa era a escolha diária dele.

Um outro exemplo, quando optamos por esta atitude é quando percebemos que as pessoas não nos veem. Ficamos invisíveis. Passam por nós e não nos enxergam. Isso já aconteceu com você?

Bom, vou me ater apenas a estas observações, pois essa não é uma atitude que me agrada. Lembremo-nos desta passagem: *"seja quente ou seja frio, não seja morno que eu te vomito"*. (Apocalipse 3:15-16)

## Escolheu uma atitude positiva? Legal, então agora...

*A primeira coisa a fazer é sorrir, por que isso determina como será o seu dia.*
(Osho 1921 – 1990)

Concordo com o empresário e escritor estadunidense Jeffrey Gitomer quando ele acredita que "o sorriso é o símbolo de uma atitude positiva, tanto para você como para a percepção dos outros". A Atitude Positiva em nossa vida cotidiana pode ser um fator decisivo para experimentar a diversão e alegria. O otimismo tem se demonstrado ser um fator importante tanto para o bem-estar físico quanto mental, pois uma atitude aberta às pequenas graças e reconhecimentos diários também parecem ter influência na sensação de bem-estar geral.

Então, ao chegar no escritório da empresa, primeiro verifique sobre as "baias" de trabalho, como está o ambiente. Se ele estiver muito silencioso é porque teremos problemas, pois muitos optaram pela atitude medíocre. E agora uma boa notícia. O riso e a alegria têm um enorme poder transformador e então você pode alterar este quadro, começando com um gostoso e sincero "Bom Dia", e se ele vier seguido de um forte abraço (e com aquelas coçadinhas nas costas...), então! Muito melhor! Aliás, o abraço tem se mostrado muito poderoso para este fim.

Procure dar um abraço demorado, pode ser no início entre 30 e 60 segundos, pois assim você conseguirá transferir sua energia positiva a todos que tiverem o privilégio de cruzar o seu caminho. Agora, tenha cuidado para não se deixar contaminar pela negatividade, tudo bem?

Segundo Bárbara L. Fredrickson, autora do livro Positividade[9], Kathleen Light, uma cientista mundialmente reconhecida por seu trabalho inovador sobre como os abraços e outras formas físicas de afeição afetam a saúde, descobriu que toques carinhosos fazem todo tipo de bem ao seu corpo: pessoas que são abraçadas com frequência, todos os dias, na verdade têm altos níveis de oxitocina (um neuropeptídio que faz bem à saúde) e pressão mais baixa do que as outras. Animais que são acariciados na barriga por um período de alguns dias também têm mais oxitocina e pressão sanguínea mais baixa do que os que não foram tocados. O mesmo aconteceu com maridos e esposas cujos parceiros sabem como lhes acariciar a cabeça, pescoço e ombros.

[9] FREDRICKSON, Bárbara L. Ph.D., *POSITIVIDADE – Descubra a força das emoções positivas, supere a negatividade e viva plenamente* - Rio de Janeiro: Editora Rocco – 2009, p. 105 - 107.

Atitude positiva é, portanto, como você decide pensar, agir e reagir às intempéries do dia a dia, entendendo sua importância neste mundo, atraindo e contagiando positivamente todos que tiverem o privilégio de cruzar o seu caminho.

E dentre as ações que você pode praticar imediatamente para despertar a atitude positiva, a mais rápida, eficiente, barata e próxima é: Sorria! Depois transmita palavras, pensamentos e sentimentos positivos.

Alguns exemplos de ações para nos colocar no caminho positivo, que nos são fornecidos por Jeffrey Gitomer no Livro de Ouro da Atitude Yes! são:

i) diga o por quê você gosta das pessoas e das coisas, e não o por quê não gosta;

ii) pense em seu humor e em sua mudança de humor;

iii) celebre a vitória e a derrota;

iv) visite um hospital de crianças ou ajude alguém mais desafortunado que você;

v) conte as bênçãos que você tem todos os dias etc.

Para tornar-se mais positivo com sua família, pare de gritar com seus filhos, seja mais brincalhão com sua esposa e passe a elogiá-la mais. Quando estiver no trabalho, experimente deixar um bilhetinho com mensagens positivas sobre a mesa de seus colegas. Eu distribuía na empresa, todos os dias, as Pílulas da Alegria até que chegou ao ponto de não precisar mais distribuir, pois meus colegas vinham até mim para retirar as suas pílulas. Notem que eu trabalhava numa indústria farmacêutica, daí o motivo de chamá-las de pílulas.

Quando falamos de Atitude Positiva diária, devemos ter em mente ao menos quatro situações em que ela obrigatoriamente deve ser aplicada, quais sejam: primeiro com nós mesmos, pois esta deve ser a nossa escolha e não podemos compartilhar aquilo que não temos; em segundo devemos compartilhá-la com as outras pessoas, especialmente nossa família; em terceiro reafirmá-la no trânsito, que é de longe o maior agente estressor do nosso dia a dia; e em quarto lugar, no trabalho, que é onde passamos grande parte das nossas horas úteis, enquanto acordados (pois as horas de sono, como já disse antes, também são úteis).

## Comece com você mesmo

Lembremo-nos de que os dez primeiros minutos do dia são responsáveis por oitenta por cento do sucesso dele. É como meus avós diziam: "Marcelinho, comece sempre com o pé direito (no sentido de começar bem, é claro!), pois tudo que começamos bem há uma grande probabilidade de terminarmos bem também."

Uma forma de nos lembrarmos disso é aquela velha dica de começarmos o dia com um belo sorriso diante do espelho, o que ajuda a nos contagiar, por ação dos neurônios espelhos, com o bom humor diário, sendo um excelente gatilho para nossa escolha pela atitude positiva.

Agora eu convido vocês, leitores, para entenderem esta dica de uma maneira mais abrangente. E para isso vou lhes contar uma lenda japonesa conhecida como "A Casa dos Mil Espelhos". Conta a lenda que existe no Japão uma casa repleta de espelhos. Certo dia, estando a porta de entrada aberta, passou diante dela um cãozinho, que não teve dúvidas e entrou na sala, quando então se deparou com sua imagem refletida nos mil espelhos.

Neste momento ele sorriu para os mil cãezinhos, resultando no retorno de outros mil sorrisos para ele. Estando muito feliz ele se propôs a retornar àquela casa todas as manhãs, como forma de iniciar seu dia muito bem.

Ao ver o cãozinho sair da casa, todo sorridente e feliz, outro cãozinho que por lá passava não teve dúvidas e adentrou para saber o que tinha de tão especial lá dentro. Mas para sua surpresa, ao se deparar com a imagem de mil cãezinhos, ele se assustou e rosnou para eles. Diante desta reação, os outros mil cãezinhos também rosnaram de volta, e ele, que não teve dúvidas, deu meia volta e fugiu em disparada com a promessa de nunca mais colocar suas patinhas dentro daquela casa, repleta de cães mal-humorados.

Gosto desta lenda, pois ela nos conscientiza de que o melhor espelho que dispomos é a face do outro, pois como nos comportamos diante de nossos semelhantes, determinará a forma como eles se comportarão diante de nós. Isso é conhecido na PNL – Programação Neurolinguística como "*rapport*".

## Compartilhe com os outros, especialmente com a sua família

Seria muito egoísmo de nossa parte se não compartilhássemos esta maravilha de dia com alguém e em especial com a nossa família. Isso mesmo, não podemos jamais nos esquecer de nossa família, devendo ao sair de casa deixar uma boa mensagem e imagem, pois não sabemos se retornaremos vivos para casa, não é mesmo? Portanto, quando deixamos nosso Lar de maneira positiva, isso nos dará força para vencermos as vicissitudes do dia a dia, a fim de voltarmos para casa e encontrarmos uma família ansiosa por nos receber.

*Somos atenciosos para os estranhos e sorrimos aos nossos hóspedes, mas muitas vezes tratamos com aspereza aqueles que mais amamos.*
(Orison S. Marden – escritor, médico e empresário norte americano – 1850 – 1924).

E atenção: Todos conhecemos alguém que é uma ótima pessoa em sociedade, mas um verdadeiro animal em casa. Quem nunca presenciou alguém tendo um terrível acesso de fúria e ao toque da campainha tornar-se sorridente e simpático para receber a visita? Ou ao receber uma ligação do chefe! Isso prova que depende apenas da nossa vontade sabermos nos dominar, porém dificilmente fazemos o mínimo esforço para isso. Uma atitude grosseira como esta, entre marido e mulher é um dos principais destruidores da alegria no lar.

Sabemos que isso ocorre tanto com os homens quanto com as mulheres, mas infelizmente ainda devemos reconhecer que atualmente nós maridos somos mais indiferentes à felicidade doméstica, cabendo-nos, portanto, a responsabilidade de criar um ambiente feliz, mantendo a alegria e o sorriso em casa. Mas também é verdade que não conseguimos criar sozinhos a felicidade em família, devendo haver o apoio da esposa e filhos.

Como nos alerta Orison, para muitos homens o romance termina no casamento, assim como o interesse do caçador acaba com a morte da sua caça. É um crime, após um namoro romântico, tirar da casa dos pais onde vive completamente feliz uma linda menina, meiga, alegre e vibrante, para depois com cruel indiferença, apagar o brilho da sua alma, acabar com a alegria, espontaneidade e sua graça natural.

Uma mulher não pode viver normalmente, quando o marido a trata com indiferença e o inverso também é verdadeiro. Mas ainda alguns homens acham que as esposas devem se considerar felizes, por que não sofrem maus tratos e têm sustento e vestuário, porém essas coisas não podem bastar para dar felicidade a elas. Hoje você já presenteou sua esposa ou seu marido com flores? Então lembre-se: mais vale receber um só botão de rosa em vida, do que uma coroa de flores depois da morte.

*Todo dia ela faz tudo sempre igual / Me sacode às seis horas da manhã /*
*Me sorri um sorriso pontual / E me beija com a boca de hortelã ...*
(Cotidiano – Chico Buarque)

Ouvindo a música do Chico, surgiu-me uma sugestão: vamos estabelecer como regra não deixar que pequenas discussões cresçam na relação conjugal. Se um de nós for injusto em palavras ou ações, devemos confessá-las e pedir desculpas antes de dormirmos, pois caso contrário, no dia seguinte iremos para o trabalho sem aquele gostoso beijo, já começando o dia de forma negativa e descontente, prejudicando ainda o dia daqueles que estiverem ao nosso redor.

É verdade que durante o dia, por amor próprio e vaidade, conseguimos dominar a irritabilidade; mas, quando chegamos em casa, muitos de nós não faz o mínimo esforço para manter a compostura, tornando o lar desagradável para todos. E ainda ficamos surpreendidos por não sermos acolhidos afetuosamente com abraços e beijos !!! Precisamos quebrar esta corrente negativa o mais cedo possível e o Riso e o Bom Humor serão nossos importantes aliados nesta mudança de atitude diária.

*Todo dia ela diz que é pra eu me cuidar / E essas coisas que*
*diz toda mulher / Diz que está me esperando pro jantar*
*/ E me beija com a boca de café ...*

Uma outra sugestão, ainda ouvindo a música do Chico: torne as horas das refeições tão animadas e atraentes que todos da família as considerem a melhor parte do dia. Vamos acostumar as crianças a irem para a mesa com bom humor e sorridentes, dizendo apenas coisas alegres e agradáveis. Com certeza isso irá transformar nossa vida em família muito melhor e mais saudável. Na casa dos meus pais a conversa à mesa é tão divertida que é um verdadeiro prazer ir lá jantar. Meu Paizão não deixa que saiamos da mesa sem darmos boas gargalhadas ao ouvirmos uma de suas piadas, ainda que já conhecidas.

É isso aí! Então vamos fazer com que a nossa presença em casa seja prenúncio de alegria e muitas risadas, tornando-a o lugar mais feliz e agradável do mundo, a ponto de nossos filhos preferirem passar lá as noites, a terem outros destinos.

Superada essa fase, estamos prontos para sair de casa e enfrentarmos um dos maiores, senão o maior agente estressor diário: o trânsito nosso de cada dia!

## Cuidado com o trânsito, nosso grande agente estressor!

Não podemos negligenciar diante deste que é considerado um dos maiores agentes estressores do nosso dia a dia, principalmente, daqueles moradores de grandes cidades. É bem verdade que até mesmo eu me pego por vezes bem chateado, para não dizer nervoso, com a situação caótica do trânsito paulistano. Essa é a melhor oportunidade para provarmos nossa fidelização à escolha da atitude positiva, pois o menor vacilo pode alterar de vez esta escolha e nos colocar no círculo vicioso do mau humor.

E como tudo é questão de escolha, tenha certeza de estar no comando da situação, desde o acordar até a hora de voltar a dormir. Então divirta-se durante o dia todo. No trânsito, seja no carro próprio ou no transporte coletivo, distribua sorrisos, tenha paciência com os outros. Não se deixe contaminar pelo mau humor que impera nas ruas. Quando você adota este tipo de atitude, o mau humor não o afetará, pois você estará vacinado e sensibilizado, percebendo qualquer movimento negativo, a tempo de evitá-lo.

Uma pausa para mais uma dica testada pessoalmente: para vencer este desafio que é o trânsito, eu sempre carrego no porta-luvas do carro, um narizinho vermelho. Quando estou cansado e preso no congestionamento e não há mais nenhum programa divertido no rádio, eu coloco o narizinho e me divirto com a reação dos outros quando me olham. Tente isso. Vai ser muito bom, tenha certeza.

Retornando ao congestionamento, quando estamos a caminho do

trabalho e um condutor mal-educado faz uma brusca manobra diante de nosso carro, nos obrigando a frear bruscamente, se não estivermos convictos com nossa escolha pela atitude positiva diária, é a partir daí que o dia simplesmente vai para o brejo e nada vai conseguir nos fazer render no trabalho.

Mas eu posso garantir que até mesmo no trânsito o sorriso funciona como agente transformador, não precisando de muito tempo para se manifestar de forma positiva. Podem testar e depois me digam se estou certo ou não!

## Chegando bem no trabalho: divirta-se, mas com responsabilidade!

Uma vez vencida esta batalha com o trânsito, chegamos ao Trabalho. É muito importante que estejamos com nossa escolha pela atitude positiva de forma íntegra, para que possamos contagiar nossos colegas com um sonoro e gostoso bom dia e iniciarmos assim um círculo virtuoso, que manterá o ambiente de trabalho mais leve, descontraído e produtivo, recheando-o com palavras e sentimentos positivos, sem deixar de mencionar os elogios como "bom trabalho", "parabéns", "excelente iniciativa", "obrigado", "por favor", "com licença" e tantas outras que estão se tornando tão escassas no ambiente de trabalho.

Aliás, gosto de mencionar sempre o maravilhoso trabalho do Dr. Massaro Emoto, que mostra a reação que as palavras, pensamentos e sentimentos exercem sobre a água, sejam eles positivos ou negativos, lembrando que nosso corpo é formado por aproximadamente 70% de água. Portanto, as reações que ele mostra ao fotografar os cristais da água submetida às diversas situações positivas e negativas, também ocorrem dentro do nosso corpo. Recomendo conhecerem a Mensagem das Águas e toda a coleção de livros por ele escrita.

E já está mais do que comprovado, por meio de um estudo realizado pelas professoras de Gestão de Wharton, Nancy Rothbard Rothbard e Steffanie Wilk, da Fisher School of Business da Universidade Estatal de Ohio, nos Estados Unidos, como o humor afeta a produtividade no ambiente de trabalho.

Os resultados deste estudo realizado com atendentes de telemarketing mostraram que quando os funcionários começaram o dia de bom humor, a tendência foi a de lidar com os clientes de forma mais positiva, além de permanecerem de bom humor ao longo do período.

Apesar de o humor dar o tom do dia, isto não quer dizer que ele não possa variar. A boa notícia é que a tendência de mudança seja para melhor, pois enquanto em 17% dos casos os funcionários que começaram o dia de bom humor acabaram ficando de mau humor durante uma de suas ligações, em 40% dos casos o contrário também aconteceu, ou seja, os mal-humorados ao atenderem clientes bem-humorados, se tornaram também bem-humorados.

Com relação à qualidade do trabalho, funcionários bem-humorados apresentaram uma maior fluência verbal ao telefone. "Eles quase não usavam pausas na fala ou preenchimentos como 'hum' e 'uh', também 'tropeçavam' menos em palavras e não resmungavam", já os funcionários mal-humorados trabalhavam menos, fazendo mais pausas entre as ligações.

"Por isso é tão importante para as empresas descobrirem formas de ajudar seus empregados a começar o dia com o pé direito", recomenda Steffanie Wilk. Olha aí! Não é que meus vovozinhos tinham mesmo razão!

Agora, caso aconteça de você desejar Bom Dia para algum colega e não receber a recíproca, não desanime, pois não podemos nos deixar contaminar pelo mau humor. Lembre-se de que nossa escolha por uma atitude positiva não pode perecer diante destas manifestações negativas.

Até por que há no trabalho dois tipos de mal-humorados. Há aquele que só é mal-humorado com você, pois quando o chefe chega ele muda logo sua postura, procurando ser o mais agradável possível com o chefe. Esse é o verdadeiro mal-humorado conhecido como "Mala sem alça e sem rodinhas". Agora temos o outro tipo de mal-humorado, que é crônico. Este tipo é mal-humorado até quando o chefe chega. É um mau humor conhecido como Distimia.

## Respeite a distimia: a doença do mau humor (esse não é mala!)

A propósito, já ouviu falar da Distimia? Cara emburrada, respostas monossilábicas, irritação intensa e espírito pronto para iniciar uma briga. Quem nunca foi vítima de uma manifestação de mau humor? Agora, se isso vem acontecendo de forma frequente, por um período de no mínimo dois anos, pode estar aí o famoso mau humorado, conhecido por distímico, que é diferente do mau humorado "mala sem alça" que bem conhecemos.

É comum uma pessoa que está aguardando o ônibus no ponto, ficar mal-humorada se ele não para, porém o distímico fica mal-humorado mesmo quando ele para, achando que se ele parou é por que algo não está bem ou se ele está com assentos vagos é que alguma coisa dará errada, etc. Para caracterizá-los lembremo-nos da hiena Hardy (Óh dia, óh... céus...), companheira inseparável do leão Lippy produzidos em 1962 por Hanna-Barbera.

A distimia é um estágio inicial da depressão e está presente em um número maior de pessoas do que imaginamos, pois elas mesmas não acreditam serem portadoras deste mal, negligenciando o seu tratamento.

Segundo dados da Organização Mundial de Saúde ( OMS ), a distimia atinge 3% da população mundial, o que significa cerca de 180 milhões de pessoas no mundo e 70 % dos adultos com depressão foram distímicos na infância ou adolescência. Crianças com pais mal-humorados aprendem a ser mal-humoradas. Na adolescência, o jovem começa a ser excluído dos programas com os colegas e dos trabalhos de grupo.

Relatos do Dr. Fábio Barbirato, chefe do serviço de neuropsiquiatria infanto-juvenil da Santa Casa de Misericórdia do Rio de Janeiro, mostra que a queda do rendimento escolar destas crianças com idade de 6 a 16 anos, fica em torno de 42% dos 78 casos atendidos. Além desta dificuldade acadêmica, o Dr Fábio Barbirato relata ainda que 78% tinham dificuldade para se divertir, 64% tinham problemas no relacionamento social, 78% apresentavam baixa autoestima e 64 % apresentavam sinais de depressão, o que o Dr Barbirato considera grave.

Já se sabe que o paciente distímico apresenta uma disfunção que leva ao desequilíbrio da serotonina e a noradrenalina, envolvidas no processamento das emoções, o que aumenta a chance de abuso de álcool e tranquilizantes, algumas das saídas encontradas pelos pacientes para facilitar o contato com as outras pessoas[10].

Portanto, se você sofre de mau humor crônico ou convive com algum eterno mal-humorado, é bom saber que pode se tratar dessa disfunção patológica do organismo, uma doença e não de um estado de espírito ou traço da personalidade, pois a Distimia é um estágio da depressão, leve,

[10] LOBATO, Eliane, BOCK, Lia. Colaboração VICTORAZZO, Murillo. *Sem cara feia!* Revista Istoé, São Paulo, n. 1.777, p. 105-107, 22 outubro 2003. Disponível em: < http://www.istoe.com.br/reportagens/detalhe-Print.htm?idReportagem=14270&txPrint=completo >. Acesso em: 02 mar. 2014.

persistente, crônica e difícil de ser percebida pelo sujeito que convive com ela, apesar dele viver de mau humor, reclamar muito e ter dificuldade de se divertir e sentir prazer em qualquer tipo de atividade, mesmo que seja de lazer. Diagnosticar a distimia é difícil tanto para o paciente quanto para seus familiares. A boa notícia é que a doença pode ser tratada.

Então, quando nos depararmos com pessoas que tenham esse perfil, recomendo não deixarmos nos contagiar por elas, mas também não nos distanciarmos delas, isolando-as pura e simplesmente, mas sim oferecermos sempre que possível nossa ajuda e atenção.

E não nos esqueçamos de sugerir a estas pessoas que procurem um médico ou psicólogo para iniciar o tratamento de cura, pois o mais importante é que diagnosticar e tratar a distimia, é prevenir a depressão, uma das patologias que mais incapacitam pessoas no mundo moderno.

## Xô, mau humor no trabalho!

E por que os mal-humorados são maioria no ambiente de trabalho? É verdade! Se você olhar ao seu redor, com certeza encontrará uma pessoa mal-humorada, outra pessimista e mais uma negativa.

E a culpa desta situação é da própria Direção da empresa, que em sua maioria acaba dando razão a eles, pois estas pessoas sempre saem ganhando, por esperar o pior. É isso mesmo! Se o melhor acontece, bom para todos, inclusive para os pessimistas e mal-humorados de plantão, mas se o pior se confirma eles saem por cima, como donos da razão e gritando aos quatro ventos: "tá vendo, eu já sabia que isso ia acontecer!"; "Não quis me ouvir, agora segura a bronca sozinho!"; "Da próxima vez, dê ouvidos à voz da experiência, porque em time que se está ganhando não se mexe!", e blá, blá, blá.

O problema é que além da má vontade, falta de entusiasmo e até agressividade destas pessoas, vem acompanhado o desejo de poder, da vontade de ter sempre razão e de enxergar nos colegas de trabalho, adversários que devem ser derrotados a qualquer preço, gerando desânimo, insegurança e comportamentos defensivos, contaminando negativamente o ambiente. E se esta pessoa for a chefia, o estrago é bem maior. E digo chefia, pois o verdadeiro líder não se dá a este trabalho, pois motivar uma equipe nestas condições costuma ser um processo muito mais demorado do que o de desmotivá-la.

É aqui que eu quero abrir os olhos da alta Direção das empresas, para o valor dos otimistas, que nestes casos estão sempre dispostos a saírem da sua zona de conforto e desafiar os padrões, pensando fora da caixa e com criatividade e inovação, sem medo de errar, pois sabem que o erro é prenúncio de acerto, é desenvolvimento. Mas atenção: não estou aqui defendendo os inconsequentes e nem os superotimistas, que achando ser a vida bela, acabam por subjugar os perigos do dia a dia corporativo.

## Quer saber como lidar com os mal-humorados de plantão? (Esse é o mala!)

Como eu afirmei no início deste livro, o equilíbrio deve imperar na empresa, portanto nunca nos veremos livres dos mal-humorados e pessimistas, pois em determinadas áreas da empresa eles são importantes. Portanto, com a ajuda de diversos autores, elenquei abaixo algumas dicas de como podemos lidar com eles de forma a não nos deixar contaminar e mantermos as relações interpessoais longe dos conflitos:

i) tenha paciência e procure entender a fragilidade deles, pois por trás do mal-humorado costuma esconder-se uma criança insegura, triste, cheia de medos e amarguras;

ii) procure roubar risos deles, já que um pouco de alegria pode aumentar a moral deles, dar-lhes mais ânimo e aliviar seu estresse;

iii) lide com eles de maneira gentil, humilde, tolerante, com autocontrole e capacidade de relevar atitudes desagradáveis;

iv) quando ouvir deles colocações agressivas e desnecessárias, procure simplesmente ignorá-las ou, o que é ainda melhor, encará-las com senso de humor;

v) mas, também dê-se o direito de se aborrecer e não engolir sapos sem se queixar, mas não se esqueça de rapidamente mudar o foco para ações positivas, mantendo o seu bom humor diário;

vi) e busque sempre conduzir o relacionamento com estas pessoas, sem perder a produtividade de vista, pois sem ela de nada vale seja o bom ou o mau humor no ambiente de trabalho.

## Aproveite os benefícios do riso e bom humor responsáveis no trabalho

E por falar em produtividade, percebemos vários outros benefícios que uma atitude positiva e bem-humorada podem proporcionar no ambiente corporativo a saber:

- **Estimula a criatividade e inovação** – primeiro por conta do aumento da oxigenação do cérebro, que nos faz pensar criativamente e depois, porque sem ter o infundado medo de parecerem "bobas" nossas ideias, acabamos arriscando mais e encontrando oportunidades onde os outros só veem problemas. Quando o humor e o riso podem emergir entre os colaboradores, é sinal de que houve uma reativação do espaço criativo, tão frequente nas nossas atividades infantis, e tão necessário na nossa vida adulta e profissional. A HBR - Harvard Business Review informou que a felicidade no trabalho proporciona 300% mais de inovação.

- **Eleva a moral do grupo facilitando o trabalho em equipe e a colaboração** – isso ocorre, porque o riso e o bom humor aproximam as pessoas e reduzem as diferenças entre os membros de uma equipe, sejam eles gerentes ou assistentes.

- **Impacta positivamente a produtividade** – está mais do que provado que as pessoas que gostam do trabalho que fazem, do ambiente em que trabalham e dos colegas de equipe, produzem maior quantidade e com melhor qualidade, pois estão de bem com a vida. Conforme pesquisa Hay Group, trabalhadores mais felizes são 43% mais produtivos.

- **Resolve conflitos internos** – as pessoas bem-humoradas estão sempre dispostas a colaborar e agregar, nunca atrapalhar. A mensagem que transmitem é que vieram em paz.

- **Reduz o absenteísmo e o presenteísmo** – uma vez que

sentem prazer em estar no ambiente de trabalho, não havendo motivos para inventar desculpas para faltar ou doenças para ir ao médico, dia sim, dia não. E quanto ao presenteísmo, elas se tornam mais pé no chão e não ficam viajando. Aliás, aqui está um grande benefício, que é a redução de acidentes do trabalho, pelo fato das pessoas não estarem com a cabeça no mundo das nuvens. E segundo a empresa de construção naval Babcock Marine, empresas felizes e bem-humoradas apresentam 50% menos incidentes de segurança.

- **Alivia a tensão e o estresse** – isso ocorre, porque a risada funciona como uma forma de catarse no alívio da tensão, sendo uma válvula de escape muito eficiente e alivia o estresse por conta do aumento de produção da serotonina que combate diretamente o cortisol, que é o hormônio do estresse. Inclusive a HBR - Harvard Business Review divulgou recentemente que pessoas felizes sofrem 125% menos o *burnout* – esgotamento físico e mental.

- **Reduz as despesas médicas** – pelos diversos benefícios já mencionados, boas risadas aumentam o nível de respiração, a pressão do sangue e o funcionamento do músculo cardíaco, manifestando-se como uma ótima massagem nos órgãos internos, ajudando-os a trabalhar melhor e melhorando o sistema imunológico com uma produção maior de imunoglobulinas do tipo A, que é uma das primeiras linhas de defesa do nosso organismo contra diversas doenças virais e bacterianas. Isso é confirmado pela Forbes que divulgou recentemente uma diminuição de 66% em licença médica de pessoas felizes e bem humoradas.

- **Melhora a comunicação interpessoal e em especial com as Gerações Y e Z** – inicialmente é importante destacar que o riso é uma linguagem universal, sendo um tipo de comunicação inata dos seres humanos e além de tantos outros benefícios, ele colabora na superação de várias barreiras da comunicação em seus diversos meios, privilegiando o contato informal, melhorando o *"rapport"*, fortalecendo os relacionamentos interpessoais e facilitando o processo de empatia.

- **Aumenta a atração e retenção de talentos** – as pessoas estão dando mais valor ao clima interno do ambiente de trabalho do que ao salário propriamente dito, isso porque as pessoas que trabalham em um ambiente positivo, que permite o humor responsável, têm maior tendência de permanecer no emprego e manter relacionamentos mais duradouros. O Instituto Gallup nos informa que a Felicidade no trabalho reduz o *Turnover* em 51%.

- **Melhora o relacionamento interpessoal e com clientes e consumidores** – pois a permissão e estímulo da diversão no trabalho passa a imagem de que a empresa respeita as emoções de seus colaboradores, tratando-os como seres humanos e não como ativos imobilizados ou um mero número de registro de empregado. E se a empresa trata bem seus colaboradores, é muito maior a probabilidade dela assim tratar seus fornecedores, clientes e consumidores.

- **Sendo muito bom para os acionistas, na medida em que geram mais retorno ao valor de suas ações** – em uma palestra de que participei na Associação Brasileira de Recursos Humanos - ABRH-SP em 2012, proferida por Ruy Shiozawa, diretor executivo do Great Place to Work Brasil, ele nos apresentou um gráfico preparado pela M2 Investimentos, simulando uma aplicação na Bolsa de Valores de US$100 em 2000. Com a variação do Ibovespa até 2009, este valor já estaria na casa dos US$409, já se estes mesmos US$100 fossem aplicados anualmente nas ações das empresas eleitas como as Melhores para se Trabalhar, ao final de 2009, valeriam US$1,205. No mínimo, segundo Gallup, pessoas felizes são 33% mais rentáveis.

Esses benefícios e muitos outros adquiridos com uma mudança para

Atitude Positiva, com certeza nos estimulam a identificar oportunidades de descontração responsável e produtiva em nosso ambiente de trabalho, o que representa o próximo passo em nosso Método S.M.I.L.E.

S = Sorria

M = Mude de Atitude

**I = Identifique Oportunidades**

L = Lidere Positivamente

E = Envolva e Execute

# Identifique Oportunidades

# I
# IDENTIFIQUE OPORTUNIDADES

Antes porém, devo ressaltar mais uma vez a importância do equilíbrio. O que defendo não é que devemos estar o dia inteiro bem-humorados e nem uma empresa 100% bem-humorada, até porque, com certeza ambos não resistiriam à competitividade frenética do mercado, como também não sobreviverão caso sejam 100% mal-humorados. E o Método S.M.I.L.E. busca justamente este equilíbrio.

Pois, existem várias oportunidades de descontração em nosso ambiente de trabalho que se bem aproveitadas, podem proporcionar um Programa de Descontração Sustentável durante todo o ano, desde que bem gerenciado, é claro. Trata-se de uma iniciativa inovadora e até certo ponto corajosa, pois requer persistência, maturidade e atenção, para que não se torne uma bagunça corporativa.

Para evitar este tipo de problema, recomendo a formação de um comitê multidisciplinar, que tenha a legitimidade para propor ações e corrigir rotas com o objetivo de manter o ambiente de trabalho leve, descontraído, mas também, motivado e produtivo. Esse comitê será liderado por um CSO – *Chief Smile Officer* ou CHO – *Chief Happiness Officer*, que idealmente deverá ser da área de Recursos Humanos.

Sem dúvida, criar a cultura da diversão no ambiente de trabalho é possível, e também desafiador, na medida em que os líderes percebam seus benefícios e permitam que se manifestem. A questão chave está em obedecer a quatro pilares muito importantes, para permitir-se a diversão responsável e produtiva no trabalho:

## 1 - Atenção para o momento certo da diversão:

Pois não dá para se divertir por toda a jornada de trabalho e em todos os dias da semana. Devemos identificar no calendário anual as datas propícias às celebrações coletivas, tais como: aniversário de fundação da empresa, Dia das Mães, Halloween, Dia das Crianças, Dia da Pizza, Aniversariantes do Mês etc. Podemos também aproveitar as semanas de Doação de Sangue, de Livros, de Brinquedos, de Roupas etc;

## 2 – Só brinque com as pessoas certas:

Uma vez que todos temos formas diferentes de manifestar o bom humor e devemos ser respeitados em nossa individualidade e diversidade. Aqui cabe elegermos uma Comissão da Alegria ou da Descontração ou distribuirmos o Humorômetro, que auxilia a identificar as pessoas que estão dispostas a participar das ações bem-humoradas naquele determinado momento;

## 3 - Procure o local certo para a descontração:

Não dá para se descontrair no meio do salão ou departamento, pois isso atrapalharia a concentração de nossos colegas. Uma boa ideia é instalarmos numa sala de reuniões um videogame interativo de forma que os colaboradores possam utilizá-la em momentos vagos, para breves partidas de games em grupo, ajudando a aliviar determinadas tensões ou até mesmo colaborando na geração de ideias criativas e inovadoras. O local do café também é um ótimo espaço propício à interação divertida entre os colegas. Determinadas empresas investem grandes quantias de dinheiro para decorar salas de forma a torná-las o máximo atrativas e relaxantes possível; e,

## 4 - Divirta-se na medida certa com bom senso do humor:

Pois brincadeiras de mau gosto e fora de hora e contexto podem gerar um passivo trabalhista perigoso, com o surgimento de ações de assédio moral, tão frequentes especialmente durante as convenções de vendas, como veremos mais adiante. Aliás neste ponto é importante destacar o que "Não é Bom Humor":

- Rir compulsivamente e muito alto.
- Aplicar apelidos pejorativos e discriminatórios em todos os colegas.
- Contar piadas em excesso e preconceituosas.
- Falar de forma velada o que se quer com a desculpa de que "É só uma brincadeirinha!", etc.

Portanto, saiba dosar o nível do humor e aplicá-lo dentro do contexto e de forma responsável, principalmente se você for o líder. Cuidado com o assédio moral!

## O assédio (hu)moral – mas era só brincadeirinha!

Esse é o tema de uma das minhas principais palestras que visa a preparar preventivamente as empresas e organizações a fim de minimizar ou até mesmo evitar um passivo judicial originado por ações trabalhistas de assédio moral, o qual todos sabemos que ainda não é crime, mas vem gerando um onda crescente na Justiça Trabalhista de ações judiciais devido à rotineira ocorrência dentro das empresas.

Vale aqui destacarmos alguns pontos sobre o assédio moral, também conhecido como *"mobbing"*, terrorismo psicológico, *"bullying"* corporativo, violência moral, manipulação perversa ou ainda Assédio (hu) Moral, expressão que criei para caracterizar o assédio imposto pelo humor negativo das brincadeiras de mau gosto.

Ele tem como base legal geral a Convenção nº 111 da Organização Internacional do Trabalho-OIT, que assim determina no seu primeiro artigo: "*toda distinção, exclusão ou preferência fundada na raça, cor, sexo, religião, opinião política, ascendência nacional ou origem social, que tenha por efeito destruir ou alterar a igualdade de oportunidade ou de tratamento em matéria de emprego ou profissão*".

Esta Convenção OIT nº 111 foi aprovada no Brasil por meio do Decreto Legislativo nº 104, de 24.11.64, sendo ratificada em 26 de novembro de 1965 e com vigência nacional a partir de 26 de novembro de 1966. Mas o interessante é que o primeiro Projeto de Lei-PL (de que eu tenho notícia!) que trata como crime o assédio moral no trabalho recebeu o nº 4742 e foi apresentado em 23/05/2001. De lá para cá já foram apresentados diversos outros PLs tratando da mesma matéria.

Infelizmente é notório que falta vontade política para aprovação deste importantíssimo tema, uma vez que o Projeto de Lei nº 61 que trata como crime o assédio sexual, foi apresentado em 24/02/1999 e após apenas dois anos, ou seja, em 18/04/2001, virou crime por meio da Lei nº 10.224/01, ao passo que os PLs do assédio moral continuam em passos lentos.

Por curiosidade, temos que a primeira cidade brasileira a aprovar lei sobre assédio moral foi Iracemápolis (SP), regulamentada em abril de 2001. Merece destaque a Lei n.º 13.288, sancionada no município de São Paulo, em 10 de janeiro de 2002, já havendo inclusive posicionamentos no sentido de admitir sua aplicação subsidiária ao Direito do Trabalho, como entende o Dr. Mário Gonçalves Júnior em seu artigo "A lei municipal 13.288/02 "assédio moral": aplicação subsidiária ao direito do trabalho"[11]. Ou seja, na falta de uma lei federal, busca-se a aplicação de uma lei municipal. Não seria a melhor das alternativas, mas pode ser uma delas.

Por definição geral, entende-se como assédio moral a conduta abusiva, reiterada e prolongada, visando ofender, constranger ou humilhar determinada pessoa ou grupo de pessoas, desestabilizando a relação da vítima com o ambiente de trabalho e a organização, forçando-a a desistir do emprego.

Perceba-se que a exposição deve ser repetitiva e por longa duração, gerando problemas físicos e psíquicos que ao final forcem a vítima a desistir do emprego, ou seja, um ato isolado de humilhação não deveria ser considerado assédio moral.

---

[11] http://www.escritorioonline.com/webnews/noticia.php?id_noticia=4108& . Acesso em: 16 fev. 2014.

Portanto, o assédio basicamente pode ser vertical (do chefe para com o subordinado), horizontal (de um ou mais colegas de trabalho para com a vítima), combinado (entre o chefe e os demais colegas), ascendente (dos subordinados para com o chefe) e coletivo (envolvendo diversos empregados como vítimas).

Os instrumentos utilizados para praticar o assédio podem ser comportamentos, palavras verbais ou escritas, atos e gestos e os alvos preferenciais do assediador são as mulheres (por ocasião da gravidez ou revista vexatória), os homoafetivos, os deficientes, doentes e acidentados (forçando a substituição dos mesmos), os anões e os negros.

Os exemplos mais comuns de assédio moral são: ameaça constante à perda do emprego, repetir a mesma ordem centena de vezes, desmoralizar publicamente ou boataria, ignorar sua presença, brincadeiras fora de hora e de medida.

Este assunto é tão sério e delicado que vem ganhando espaço inclusive no Tribunal Superior do Trabalho – TST, última instância da Justiça Trabalhista. Os dados abaixo são importantes, pois quando o processo chega no TST é por que não há dúvidas sobre o mérito da denúncia de assédio moral, ou seja, tem-se certeza de que o caso foi mesmo de assédio.

Para termos uma ideia deste vertiginoso crescimento, em 2007 foram 106 ações de assédio moral contra 294 que chegaram ao TST; em 2009 foram nada menos do que 455 e em 2010 esse número cresceu para 656 ações. Notem que houve um crescimento de 44% entre 2009 e 2010 e de 120% entre 2008 e 2010.

Ainda não encontrei os dados consolidados de 2011, 2012 e 2013, mas posso adiantar ao menos quanto à região Sudeste, que segundo dados do Ministério do Trabalho, no Estado de São Paulo o número de denúncias quase triplicou de 2008 a 2011, passando de 78 denúncias em 2008 para 216 em 2011.

Só em Campinas a quantidade de registros cresceu 197% entre 2009 e 2011, segundo dados do Ministério Público do Trabalho. Em 2009 foram 40 denúncias contra 55 em 2010 e 119 em 2011. E pasmem, só no período de janeiro até agosto de 2012 o Ministério Público do Trabalho já havia recebido 117 denúncias, quase o total de 2011 e mais do que a soma de denúncias recebidas em 2009 e 2010.

No Rio de Janeiro, o total de casos investigados pelo Ministério

Público do Trabalho (MPT) deu um salto nos últimos quatro anos, passando de 17 em 2004, para 117 em 2008, uma alta de 588,2%. Até julho de 2012 o número de queixas já chegava a 90.

E em Minas Gerais a situação não é diferente, pois o número de casos de assédio moral investigados pelo Ministério Público do Trabalho – MPT/MG, aumentou 20% entre 2010 e 2011 em todo o Estado. Foram 177 processos abertos em 2011, contra 147 em 2010. Até junho de 2012 já haviam 220 investigações em andamento no MPT/MG.

E apenas a titulo de curiosidade, em Manaus/AM, durante todo o ano de 2011 foram recebidas 62 denúncias pelo Ministério Público do Trabalho no Amazonas, contra 40 recebidas apenas no primeiro quadrimestre (janeiro-abril) de 2012.

E é claro que estes números são na realidade bem maiores, por conta do temor e até mesmo omissão em denunciar atos tão covardes e que não estão restritos apenas aos estados e cidades acima citados, mas crescem por todo o país.

As condenações podem chegar a cifras astronômicas, como no caso de um ex-gerente de um grande banco, que ganhou um processo de R$1.3 milhões, por ser sua opção sexual questionada e exposta.

Apenas a título de exemplificação, apresento alguns casos reais e absurdos de condenações por Assédio (hu)Moral em virtude de brincadeiras de mau gosto e fora de propósito:

- **"Em uma convenção de vendas, funcionária que tinha foto usada em tiro ao alvo ganha indenização"**

  A vendedora de empresa de previdência privada recebeu uma indenização de R$30 mil por ter sua imagem exposta a ataque de tiros de borracha, como parte de cobrança de metas. Enquanto os melhores colocados recebiam regalias, os que não se destacavam tinham fotos expostas em painéis e recebiam ataques de tiros de borracha em encontros semestrais. Esta decisão foi do Tribunal Regional do Trabalho de Minas Gerais – TRT/MG.

- **"Assédio moral horizontal. Empregado apelidado de javali ganha R$ 84 mil"**

  Uma empresa ferroviária foi condenada a pagar indenização

de R$ 84 mil por danos morais a um ex-empregado apelidado de *'Javali, aquele que já valeu alguma coisa para a empresa'*. Esta decisão é da terceira turma do Tribunal Superior do Trabalho (TST).

- **"Hipermercado fez ex-diretor rebolar"**

Um famoso hipermercado foi condenado pela 3ª VT de Barueri (SP) a pagar uma indenização de cerca de R$140 mil a um ex-diretor que disse ter sido coagido a rebolar e entoar o "grito de guerra" da empresa, na abertura e no final de reuniões. Ele diz que quem se negava era levado à frente de todos para rebolar sozinho.

- **"Empregado chamado de 'menino da Febem' leva R$ 50 mil"**

Uma grande empresa de logística ferroviária foi condenada pela 6ª Turma do TST a pagar R$ 50 mil de indenização a um ex -empregado ferroviário paranaense que recebia humilhações diárias no trabalho. Por ficar em um local isolado, frio e úmido, o empregado era chamado por colegas de "menino da Febem".

- **"Vendedor obrigado a imitar animal em reuniões da empresa"**

A 7ª Turma do TRT/MG considerou constrangedora e vexatória a situação vivida por um ex-empregado, vendedor de cursos de idiomas, que relatou sofrer humilhações constantes diante dos colegas ao ser obrigado a imitar o som e gestos de uma "foca" quando não alcançava metas traçadas pela empresa. O valor da indenização foi fixado levando em consideração a extensão do dano, o grau de culpa da empresa e a situação financeira de cada parte, sendo elevado para R$ 10.000,00".

- **"Empresa é condenada por aplicar prendas em vendedor"**

Uma empresa distribuidora de refrigerantes foi condenada a pagar 50 salários mínimos de indenização para um vendedor que foi obrigado a usar capacete de morcego por não ter atingido as metas de venda. A decisão é da 3ª Turma do Tribunal Superior do Trabalho.

- **"Empregado apelidado de 'pé na cova' ganha R$ 30 mil"**

A 2ª Turma do Tribunal Superior do Trabalho (TST) condenou

uma empresa multinacional a pagar uma indenização de R$ 30 mil a um funcionário que sofreu acidente de trabalho. Na ação judicial, o empregado diz ter sido apelidado de 'pé na cova' por seus colegas, o que lhe causou problemas emocionais e psicológicos.

- **"Funcionários de uma famosa distribuidora de bebidas eram obrigados a se deitar em caixões funerários"**

  Um ex-vendedor, que se sentiu lesado pela forma como a empresa "motivava" os funcionários. Segundo ele, quem não atingisse as metas de vendas era obrigado a deitar dentro de um caixão (que representava um profissional morto), era rotulado de incompetente e, às vezes, era representado por ratos e galinhas enforcados na sala de reuniões. A decisão da 2ª Turma do TST estipulou uma indenização de R$ 25.000.

- **"Grande banco classificou funcionários por cor em cartazes"**

  Em 2008, em uma agência bancária de um grande banco em Porto Alegre/RS , além de chamar os trabalhadores que não atingiam metas de "incompetentes" e "tartarugas", o gerente classificava-os de acordo com sua produtividade. Em um cartaz afixado na parede, as fotos dos empregados eram coladas junto com a cor verde para quem conseguia cumprir as metas, ou vermelha para os que não alcançavam. O banco foi condenado pelo Tribunal Regional do Trabalho da 4ª Região (RS) a pagar mais de R$ 50 mil a uma funcionária.

E os exemplos vão pelo Brasil afora, independente do porte, seguimento, nacionalidade das empresas, que não tomaram o devido cuidado de preparar seus prepostos para lidar com situações como estas, que a princípio podem parecer inofensivas, mas que por descuido ou excesso de seus gestores, acabam por prejudicar a imagem da empresa.

## Como se prevenir de eventuais processos judiciais

Feitas estas considerações sobre o assédio moral, motivado pelas brincadeiras de mau gosto, destaco a importância de tratarmos o Programa de Gestão do Humor para Inserção da diversão e descontração responsáveis no ambiente de trabalho, sempre de forma coletiva, pois aquele empregado que se diverte quando o alvo da "brincadeira" é o outro colega, quando ele passa a ser este alvo, não aceita, se revolta e procura a Justiça Trabalhista para buscar o seu direito.

E, existem várias maneiras de evitarmos o passivo judicial, em especial, o trabalhista. Recomendo a você adotar, dentre todas que pratiquei, aquelas principais que adotei durante aproximadamente 30 anos que estive à frente da área de RH e Jurídica Trabalhista, ora como advogado, ora como gerente, ora como *ombudsman* interno.

Mas antes, cumpre-me esclarecer um dos principais princípios do Direito e Processo do Trabalho que é o da Responsabilidade Objetiva da Empresa, que significa que, não importa se a empresa teve culpa ou não no evento. No final ela é quem será a maior responsável e pagadora da condenação, ainda que a brincadeira ou atitude constrangedora tenha ocorrido à sua revelia ou de seus diretores e presidente.

Por este motivo eu recomendo, por experiência própria, as empresas adotarem algumas práticas a seguir para evitarem estas ações ou ao menos minimizarem eventuais condenações.

- **Treinamento contínuo de prepostos** – como ressaltei anteriormente, este é o ponto primordial, pois são os prepostos que por descuido e até desconhecimento e despreparo acabam metendo os pés pelas mãos e gerando altos custos judiciais para a empresa, uma vez que o processo judicial sempre recai sobre ela, por conta da sua responsabilidade objetiva neste caso, ou seja, a empresa é sempre a responsável pelos seus empregados. E entendam prepostos não apenas os líderes, mas todos os seus colaboradores, que sempre agem em seu nome em inúmeras situações;

- **Código de ética** – este instrumento é de extrema importância, devendo trazer capítulo específico tratando do tema de forma que nenhum empregado possa alegar desconhecimento das regras e princípios do programa de descontração corporativa. Isso ajuda muito na sua defesa e no encaminhamento de situações que possam ocorrer em seu ambiente corporativo;

- **Regulamento interno** – como não são todas as empresas que chegaram neste nível de Governança Corporativa, adotando um Código de Ética, as demais podem se valer do próprio Regulamento Interno ou de uma Norma Interna que trate detalhadamente das situações permitidas baseadas nos quatro pilares já apresentados, quais sejam, realizadas no local certo, no momento oportuno, com aplicação apenas à coletividade e na medida certa, com o devido respeito;

- **Canais de comunicação aberta e direta** – tendo eu desempenhado a função de *ombudsman* Interno, inclusive sendo citado pela Great Place to Work como uma das práticas de destaque na premiação da empresa em que eu representava, reconheço na criação do cargo de *ombusman* interno um instrumento formal ou canal de comunicação direta e sigilosa, muito útil não só para o empregado se manifestar quando sentir-se incomodado com determinadas brincadeiras ou abordagens, como também para a empresa, que tem nestes instrumentos uma prova importante para demonstrar sua boa fé e poder de direção. Este tipo de meio de comunicação, que pode ser através de um ramal telefônico ou e-mail restrito, ou pela própria figura do *ombudsman* interno será muito importante inclusive para evitar exposição sindical, pois caso a empresa não tenha uma forma de se antecipar a tais problemas, tenha certeza, de que quando eles chegarem aos ouvidos dos dirigentes sindicais, o barulho será imenso e a exposição será constrangedora, só que para a imagem da empresa.

- **Auditoria frequente** – e não menos importante como também não sendo a última prática, temos a auditoria frequente do programa de Gestão do Humor para inserção da descontração no ambiente de trabalho, para que se possa corrigir o rumo e avaliar se o programa vem gerando os resultados esperados, até porque não são todas as empresas que estão preparadas e maduras o bastante para lidar com um programa de tamanha envergadura, lembrando-se da máxima de que "o que não se mede se perde!".

## Sabia que é possível medir o nível de humor na empresa?

*Talvez seja impossível determinar com precisão o que é uma Empresa Feliz, mas não é difícil saber com segurança o que é uma Empresa Infeliz.*
(Francisco Gomes de Mattos autor do livro A Empresa Feliz)

Claro que sim! E dispomos de diversas formas e indicadores para avaliarmos se o Programa de Gestão do Humor Responsável no Ambiente de Trabalho está seguindo da maneira esperada e conforme o planejado. Veja estes exemplos que já foram testados e praticados por mim:

- **Redução das Ações de Assédio**

  O próprio acompanhamento do número de ações de assédio já é uma métrica muito importante. Se o número de novas ações vem caindo ano a ano ou chegou a zero é porque o programa está funcionando;

- **Humorômetro**

  O humorômetro também é indispensável para que possamos medir a disponibilidade individual de cada colaborador para determinadas ações de descontração. Este instrumento é distribuído em minhas palestras, como forma de chamar a atenção dos participantes para a importância de se medir o humor frequentemente.

- **Mapa do humor**

  Os mapas do humor também ajudam muito para medir o nível de satisfação dos colaboradores enquanto equipe. O nível de humor é expressado por cada colaborador ao chegar no trabalho e ao ir embora para casa. Assim o mapa permite ter uma visão geral de como o humor se comportou dentre os colaboradores da área durante a jornada de trabalho diária. Ele também pode ser medido no meio do dia, para que se tenha uma visão mais apurada dos resultados;

- **Pesquisa de clima e de satisfação**

  Já as pesquisas de clima e de satisfação, hoje aplicadas com muito sucesso em várias empresas multinacionais ou nacionais e de qualquer porte, são indispensáveis, eu diria. E aqui não defendo apenas as pesquisas aplicadas pela Great Place to Work, mas existem maneiras que a própria empresa pode desenvolver, por meio da aplicação de questionários pontuais.

- **Indicadores internos**

E enquanto a empresa se prepara para aplicar as pesquisas de clima ou de satisfação, ela pode se utilizar de diversos indicadores internos muito importantes que ajudam a medir o humor dos seus colaboradores, tais como os índices de absenteísmo, números de horas extras, tamanho do passivo trabalhista, as listas de avaliação da alimentação normalmente presentes nos refeitórios internos e até mesmo a implementação da caixa de sugestões, dentre outras inúmeras alternativas.

- **Entrevistas de desligamento**

Eu particularmente gosto muito das entrevistas de desligamento, sejam elas aplicadas tanto na demissão voluntária (pedido de demissão), quanto na demissão involuntária, pois nesse momento podemos colher indicadores importantes de diversas oportunidades de melhoria em processos, procedimentos e políticas internas, e com uma imensa vantagem: é uma consultoria totalmente gratuita;

- **Participação nas comemorações**

Um outro indicador muito simples, mas infinitamente confiável é a organização de uma festa, na qual a presença não seja obrigatória. Dependendo do número de adesão, conseguimos medir o humor da equipe.

Estes indicadores também são muito importantes como atividade proativa para a empresa resolver questões que num primeiro momento se mostram simples de resolver, mas que com o tempo, sendo negligenciadas, poderão gerar uma exposição sindical, e até judicial, devastadora.

Como podemos constatar, existem inúmeras maneiras de se medir o humor dos colaboradores e até mesmo da empresa, bastando para isso, apenas colocar a criatividade em prática.

E esta mesma criatividade que nos permitirá identificar dezenas de práticas de diversão responsável e produtiva dentro da empresa, das quais muitas poderão se mostrar simples e de baixo custo. Vou dar uma ajuda, destacando algumas delas, a seguir.

## Conheça algumas práticas simples e de baixo custo para a diversão responsável no trabalho

Como pudemos notar as oportunidades de descontração existentes nas empresas são inúmeras, e muitas delas bem simples e de baixo custo para implantação. Conheçam algumas:

- **Sala de descompressão** - um local apropriado para os colaboradores se distraírem por poucos minutos. Pode ser uma sala de reunião com a instalação de um aparelho de videogame ou até mesmo o local do cafezinho, decorado com confortáveis e coloridas poltronas para descanso;

- **Carrinho da diversão** - assim como o carrinho que percorre o ambiente de trabalho com alguns alimentos e guloseimas, podemos proporcionar para os colaboradores que não podem se ausentar do seu posto de trabalho o carrinho da diversão, levando até ele objetos que despertem o riso e a alegria, como por exemplo: gibis, bonecos, imagens, livros, brinquedos etc.;

- **Celebrações e reconhecimento** - montar um calendário permanente de comemorações e um programa de reconhecimento e recompensa, que premie o colaborador no momento de sua contribuição, não deixando tais reconhecimentos para as comemorações de fim de ano, quando só nos lembramos das contribuições implementadas de agosto em diante, gerando um descontentamento e mau humor nos colaboradores que contribuíram com ações durante o início do ano;

- **Missão, visão e valores** - revisão da MVV da empresa com o objetivo de inserir palavras que despertem ações e atitudes positivas em seus colaboradores, como exemplifica o escritório de advocacia Pipek e a empresa de bebidas Ultrapan, que inseriram as palavras alegria e bom humor, respectivamente, em seus valores como forma de despertá-los em seus colaboradores. Só o fato de citar tais palavras já começamos a trabalhar o *mindset* dos colaboradores, passando a imagem inclusive para todos que tem acesso à esta informação, como clientes, consumidores e fornecedores, de que a empresa dá valor a estes comportamentos e atitudes. É a mesma estratégia pretendida com a inclusão da busca da felicidade entre os direitos sociais em nossa Constituição Federal;

- **Open house** - proporcionar que a família e em especial as crianças, possam conhecer o local de trabalho do papai e da mamãe, para onde eles sempre vão ao se despedirem pela manhã, ajudando a aumentar o comprometimento, pelo orgulho de fazer parte da empresa, que passa a ser motivo de comentários pelas crianças não só em casa, mas também na escola;

- **Horário flexível** – esta prática evita o estresse da correria para chegar no horário, sob pena de ter de justificar pequenos atrasos marcados no relógio de ponto (pois é, eles ainda existem!). Este programa funciona eficientemente na medida em que proporciona aos empregados planejarem seu horário de entrada e de saída, de forma a completarem as oito horas diárias mantendo-se presente na empresa durante o horário de seis horas (conhecido como horário núcleo), comum a todos os empregados. O único cuidado que devemos ter, neste programa e no *home office* é quanto ao acompanhamento do "*worklover*" que ama aquilo que faz, que praticamente profissionalizou o seu *hobby* e, portanto, frequentemente entra em estado de "*flow*", envolvido no tempo e no espaço; do "*workaholic*" que é viciado no trabalho, encontrando nestes programas uma forma de fuga social. Os dois tipos trabalham demais e tendem a se envolver muito no que fazem, podendo até parecerem idênticos, mas apresentando significados totalmente opostos, pois o "*workaholic*" trabalha muito por falta de opção social, já o "*worklover*" trabalha muito porque gosta do que faz, como também gosta de passear e se divertir com sua família e amigos, reconhecendo que existe vida fora da empresa.

- **Banco de horas** – Eu, particularmente, também sou fã desta ferramenta, pois ela proporciona diversos benefícios para o empregado e para a empresa, quando bem administrada, por ser uma tendência de mercado que facilita planejar a produção em épocas de baixa e alta, mantendo sua competitividade no mercado e proporcionando ao trabalhador uma correta jornada anual de trabalho e aproveitar feriados prolongados junto à família, bem como conseguir uma maior flexibilidade na jornada diária de forma a aproveitar diversas situações propícias à convivência social, como as que vivenciei em minha experiência adquirida em dezenas de programas implementados, a saber: participar do casamento de parentes durante a semana ou aqueles que necessitam de uma viagem para chegar a tempo de presenciar a união dos noivos; desejar pessoalmente condolências pelo falecimento de amigos e parentes não previstos na Convenção Coletiva de Trabalho; acompanhar parentes e amigos próximos em consulta médica ou delicada cirurgia; atender à reunião escolar e apresentações festivas dos filhos ou realizar sua matrícula na rede pública ou particular de ensino; conduzir parentes e suas malas até a rodoviária ou aeroportos; realizar a mudança de residência; dispor de um maior tempo para produzir o bolo para confraternização de Natal ou festa de aniversário etc.

- **Programa de Participação nos Lucros e Resultados/PLR com metas voltadas ao Bom Humor** – seria muito interessante e produtivo que os empregados tivessem ao menos uma das suas metas relativas a ações ou atividades que promovessem o bom humor e a diversão responsáveis entre os seus colegas, tais como organizando campanhas de doação, participando de programas de voluntariado etc.

- **Apresentações divertidas** – promover durante as reuniões momentos de descontração com a inserção de *slides* com imagens bem-humoradas, lições de moral, dinâmicas, estórias etc., que possam ser aplicadas dentro do contexto e que sejam relevantes para o objetivo da reunião e apresentação. Devo destacar que a aplicação desta prática, cujas ferramentas são apresentadas numa das minhas mais concorridas palestras sobre humor na comunicação, não pressupõe que o apresentador seja uma pessoa bem humorada, pois a apresentação ou o *slide* por si só já satisfaz esse papel.

Mas para que tudo isso se concretize e funcione, devemos ter total apoio da alta liderança e, para isso, passamos ao próximo passo do Método S.M.I.L.E., que é o da liderança positiva.

# Lidere Positivamente

S = Sorria

M = Mude de Atitude

I = Identifique Oportunidades

**L = Lidere Positivamente**

E = Envolva e Execute

# LIDERE POSITIVAMENTE

O que é pior do que um trabalhador mal-humorado? Dois trabalhadores mal-humorados... Não! O Pior é um Líder mal-humorado.

No perfil de um líder bem-sucedido o senso de humor é com certeza uma característica marcante e importante, pois ele revela sensibilidade, segurança pessoal, alto astral, otimismo, confiança, domínio da situação, habilidade em comunicação e relacionamento interpessoal, aliviando tensões e prevenido conflitos e problemas. Uma piada ou anedota desde que relevantes, colocadas dentro do contexto e aplicadas no momento certo, relaxam e criam condições de harmonização da equipe. Um ambiente alegre é, certamente, um ambiente produtivo.

**O líder define o humor da sua equipe: tanto para o bem, quanto para o mal!**

O líder mal-humorado, negativo e pessimista passa a imagem de uma pessoa derrotada que não está no lugar certo e não é uma boa companhia para seus pares. O grande problema é que esse pessimismo torna-se mais perigoso, quanto mais inteligente e "culto" for o tal "líder", pois terá grande influência sobre os demais e principalmente sobre sua equipe, uma vez que, sempre destaca o lado da infelicidade diante de um novo problema.

E isso acaba se tornando até um ponto positivo para ele, que passa a se tornar um líder "pé atrás", pois fica numa situação confortável, na qual se a atitude do líder positivo, tanto combatido por ele, dá certo, ele, pessimista, acaba por desfrutar destes benefícios junto com os demais, porém, caso a atitude positiva não emplaque, ele sai da situação por cima, como dono da razão. Ou seja, sai bem com qualquer resultado. Daí, eu concluo ser o motivo pelo qual o número de mal-humorados e pessimistas ser muito maior nas empresas, do que o dos bem-humorados e otimistas.

Mas os dias dos pessimistas de plantão estão contados, pois as empresas já começaram a perceber isso e estão prestigiando os colaboradores que conseguem ver o lado bom dos problemas, como caracteriza esta fábula:

> O rei teve um sonho que perturbou seu espírito: todos os seus dentes haviam caído, o que, segundo a tradição, não era bom agouro. Chamou o vizir pra interpretá-lo. Este, ingênuo, deu a versão convencional: 'Majestade, tenho péssimas notícias. Seu sonho significa que todos os seus parentes morrerão'. O rei ficou indignado e mandou decepar a cabeça do vizir. Depois de substituí-lo, chamou o novo vizir e propôs-lhe o mesmo sonho para interpretação. Este, sabendo da sorte do anterior, mas não podendo faltar com a verdade, pois também teria destino semelhante, usou de astúcia: 'Majestade, tenho uma excelente notícia. Parabéns! Esse sonho revela que o senhor sobreviverá a todos os seus parentes'. O rei, entusiasmado pela inteligência do vizir, mandou gratificá-lo com barras de ouro.

O problema é que com a inércia do líder pessimista todos perdem (só ele que não, a princípio), motivo este que motivou-me a apresentar-lhes minhas ideias e sugestões, expostas neste livro.

Em 2004, Tom Peters já afirmava em seu livro Re-Imagine que: *"as pessoas (LÍDERES) que se sentem bem consigo mesmas também RIEM muito"*. Essa é a minha experiência. Assim, aqui estão duas de minhas regras:

- Nunca trabalhe em um lugar onde RIR seja raro
- Nunca trabalhe para um líder que não RIA".

Eu particularmente acho muito radical esta posição. Por isso, prefiro as palavras de Max Gehringer, proferidas em 2002 na edição nº 53 da revista Você S/A com o título "Rir é o Melhor Negócio":

> O clima vem de cima – e não é preciso ser um humorista para criar um ambiente de bom humor. O Norberto (que era um diretor colega dele) não era, apenas entendeu que, bem-humorados, seus funcionários poderiam gerar resultados muito acima do esperado.

Essas palavras são ratificadas por Marco Sampietro, autor do estudo publicado em setembro de 2009, pela Escola de Direção Empresarial da Universidade de Bocconi em Milão - Itália, que entrevistou 1.860 funcionários de empresas da Itália, França, Alemanha, Reino Unido, Estados Unidos, Rússia e Japão. Na conclusão deste estudo, Marco Sampietro ressalta que o chefe bem-humorado consegue se fortalecer e exercer uma liderança mais eficaz. Ele afirma que:

> Mais especificamente, melhor do que simplesmente divertir os outros, o líder de sucesso PERMITE e FACILITA o desenvolvimento de um ambiente para a expressão de humor, melhorando o clima no trabalho e reduzindo o estresse.

Ele também concluiu que o humor se apresenta de diferentes formas nestes países, a saber:

- **Na Itália e França** – há mais ocorrências sobre sexo e religião e se usam mais palavrões e gestos físicos;
- **Na Alemanha, Reino Unido e EUA** – os trabalhadores são *autoirônicos* e brincam com as diferenças de hierarquia, sendo que o sexo e a religião são considerados tabus;
- **Na Rússia** – eles riem menos por assuntos de sexo e mais por causa dos palavrões;
- **E no Japão** – eles são considerados os mais "tristes", pois evitam assuntos que inspirem piadas e só se divertem com os jogos de palavras, de maneira mais sutil[12].

---

[12] *Risadas e bom humor no trabalho ajudam na performance, diz estudo.* <http://www2.uol.com.br/infopessoal/noticias/_HOME_OUTRAS_1677157.shtml>. Acesso em: 16 fev. 2014.

Acredito ser por este motivo que há um maior número de iniciativas japonesas para forçarem seus trabalhadores a sorrirem com mais frequência. Desde a instalação de câmeras, que só permitem abrirmos gavetas e portas ao detectarem um sorriso, até uma máquina do riso (!), instalada numa empresa ferroviária, como forma de seus colaboradores se aproximarem dos clientes, pois eles, assim como eu, acreditam que o sorriso, mesmo que forçado no início, acaba por contagiar os empregados durante a jornada de trabalho e com o tempo torna-se um hábito saudável dentro da organização, sendo compartilhado com mais frequência com seus clientes. Lembram-se que este é o princípio dos Clubes do Riso e um dos temas centrais da minha palestra que trata da "Importância do Bom Humor no Atendimento e Fidelização do Cliente"!

Abrindo um parênteses quanto à "máquina do riso", um professor japonês que estuda o humor inventou o referido engenho, o qual, segundo o próprio, poderá detectar a graça que uma piada provoca numa pessoa, até mesmo no caso de ela não rir ou dar falsas gargalhadas. Yoji Kimura, o inventor da "máquina do riso", professor da Universidade de Kansai, no Japão, disse que irá usá-la num estudo sobre o humor japonês, um mercado milionário e difícil de ser pesquisado por causa da contenção característica dos japoneses.

O sistema que começou sendo utilizado em câmeras fotográficas que só disparavam ao detectar o sorriso, foi testado com êxito para abrir geladeiras, desligar despertadores, despertar o riso diante do espelho etc.

Outra figura de peso no mundo corporativo que acompanha as palavras de Max Gerhinger e Marco Sampietro é o Morey Stettner, autor do Manual do Novo Gerente, ao afirmar que:

> Gerenciar pessoas pode ser uma experiência gratificante, desde que você não encare como uma atividade metódica, rotineira e previsível. Flexibilidade e maturidade são bem vindas, assim como uma boa dose de bom humor para dar brilho ao dia a dia.

Aliás, em julho de 2013 foi realizada uma enquete pelo site Vagas.com.br com 10.670 respondentes à pergunta: como fica o clima quando o chefe chega no escritório? O resultado foi que para:

37% - o tempo fecha;

32% - vira um campo de batalha;
17% - é só alegria;
14% - vira o paraíso.

Isso é muito triste e complicado, pois podemos notar que em mais de 70% das ocasiões, a relação azeda. Podemos até questionar a legitimidade da enquete, mas você duvida que ela não representa a realidade na maioria das organizações?

E para fechar, me permitam citar apenas mais um Guru da Administração muito conhecido por todos nós, que é o Jach Welch, ex-chairman da GE, ele afirmou em seu livro "Paixão por Vencer – A Bíblia do Sucesso", quando cita as oito regras para uma boa liderança, que:

> Um executivo vibrante, com atitudes positivas, de alguma forma acaba liderando uma equipe ou uma empresa repleta de pessoas vibrantes, com atitudes positivas. Já o pessimista crônico, sempre de mau humor e de cara fechada, acaba rodeado por uma tribo de infelizes. Tribos infelizes têm muita dificuldade para vencer.

A propósito das tribos, você já ouviu falar no líder indígena Hotxuá? Essa figura é muito importante, principalmente para aqueles líderes que deixam o bom humor de lado por receio de perderem a sua autoridade (!!!), acreditando que para ser um profissional sério seja necessário manter uma aparência sisuda. Nada a ver, pois a maior parte dos profissionais verdadeiramente competentes e seguros são bem-humorados, até pela autoestima e confiança que detêm. Mas vamos conhecer o Hotxuá, este líder que tem muito a nos ensinar em matéria de liderança positiva.

## Conheça o riso do líder indígena hotxuá – o palhaço sagrado

Há um documentário chamado "O Riso Hotxuá – Palhaços Sagrados", dirigido pela atriz Letícia Sabatella e pelo designer Gringo Cárdia, que foi exibido nos festivais de Toulouse, Cine Verité e Freiburg, tendo sua primeira sessão no Brasil às 21h do dia 28/01/2009 na 12ª Mostra de Cinema de Tiradentes, no Largo das Forras. E eu tive o prazer e alegria de assisti-lo em 2012 no cine Cultura.

O filme, com 70 minutos de duração, surgiu quando Letícia foi procurada por um dos líderes indígenas dos Krahôs (tribo que usa como arma a força do sorriso e da doçura), pedindo ajuda para o resgate das tradições de seu povo que habita o nordeste do estado do Tocantins, entre os municípios de Itacajá e Goiantins, maior área de cerrado preservado do Brasil.

A solução apareceu quando Letícia percebeu a importância do riso para a manutenção da ordem e do equilíbrio entre os krahôs, que consideram a alegria um elemento básico da sua sociedade e designa entre os líderes um *"sacerdote do riso"*: o ***Hotxuá*** - um líder espiritual, cuja função é brincar e animar o espírito da aldeia, dissipar disputas, atritos, ensinar o certo ao agir de modo errado e, com isso, desmistificar o erro.

O filme busca o lado positivo da vida da tribo Krahô, destacando a existência dos Hotxuás, que têm a função social de entreter a tribo, mantendo a sua autoestima e integridade, fazendo-a superar as dificuldades por meio do humor. Para a atriz e diretora Sabatella:

> Ele é um líder estimulante dentro da aldeia, responsável pela harmonia e alegria dos outros membros, e quem busca a saída para fracassos e dificuldades que se abatem sobre a tribo. O que é curioso é que eles passaram por muitas dificuldades históricas, como massacres por parte dos latifundiários, mas sempre se superaram, com a ajuda do Hotxuá.

Segundo o pesquisador e orientador de atores do Lume Teatro, Ricardo Puccetti, Hotxuá não é um personagem, mas uma função social que alguns escolhidos têm o privilégio de possuir. Esta função é passada pelo nome (que é o maior bem que um Kraó pode possuir), ou seja, quando um recém-nascido recebe o nome, se este nome é dado por um hotxuá (o pai, um tio ou um amigo da família), a criança será hotxuá, podendo na adolescência optar definitivamente se vai querer ou não seguir neste papel. Também é possível alguém escolher ser hotxuá, desde que seja nomeado para que possa atuar com tal.

Os hotxuás têm importante participação no cotidiano da comunidade, sempre com o viés da comicidade, arrancando o riso das situações do dia a dia e brincando com as possibilidades de ver a vida sob outros ângulos, tendo permissão para fazer o que quiser e todos têm por ele um grande respeito e afeto.

Eles podem interferir nos afazeres das outras pessoas, podem provocar ou fazer as coisas "ao contrário", com um prazer infantil e um olhar inteligente que consegue perceber toda e qualquer oportunidade para fazer as pessoas rirem. O hotxuá pode começar a andar como um animal, cheio de contorções e caretas, no meio de um grupo de mulheres que cozinha e, de repente, pegar um bocado de comida de dentro da panela e começar a comer. Não pela boca, mas pelas orelhas, olhos e nariz. Todos caem na gargalhada e ninguém se aborrece porque ele pegou a comida.

A sua maquiagem, sempre muito pessoal, é feita com tinturas extraídas do urucum (vermelho), jenipapo (preto) e de pó de giz (branco). O curioso é que o vermelho, branco e preto também são as cores básicas das maquiagens do palhaço ocidental. Hotxuá é o palhaço em essência, com sua disponibilidade para o jogo e para o outro, seu prazer e capacidade de brincar com e para as pessoas.

Não que eu defenda que o líder deva ser um palhaço, apesar de que várias técnicas deste respeitável profissional sejam muito úteis no ambiente corporativo, e defendo também que ele não precisa ser um piadista, comediante e nem humorista, aliás, ele pode até ser mal-humorado (se assim preferir ou se sentir feliz), só precisa ter a consciência e sensibilidade de que o humor entre a sua equipe é muito bem-vindo e importante para a sua motivação, produtividade e melhoria dos resultados.

## Atenção: o líder é o responsável pelo *turnover* da equipe

Isso é muito importante, pois a empresa em si é uma pessoa jurídica, não existindo fisicamente (exceto pelo seu prédio e instalações). O líder é a pessoa física. Ele representa a empresa. Os colaboradores não se demitem por conta da empresa, mas sim por conta do líder. Também não é a empresa que demite seus colaboradores. Quem o faz é o líder.

Quando ouço colegas comentando que estão com chefe novo, me apresso em alertá-los de que na verdade, eles é que estão em uma nova empresa, pois se o novo chefe não apreciar o seu colaborador, este em pouco tempo estará na fila do Seguro Desemprego, o que infelizmente ainda é prática corriqueira na maioria das empresas.

É muito comum ouvirmos pelos corredores, colaboradores afirmando que "esta empresa não me motiva". Na verdade, essa é a função do líder, que deve proporcionar treinamentos regulares à equipe, mas também, o colaborador deve ter a rédea do seu desenvolvimento profissional em suas mãos e buscar treinamentos que o façam se destacar dos outros. Enfim, se não está contente com o seu líder e este não dá chances de ouvi-lo, procure outra empresa, ou outro líder.

## Cuidado: o líder é o motivador da maior parte das ações trabalhistas

Também ouço muito nos corredores, mas agora não da empresa e sim da Justiça do Trabalho, que o ex-empregado normalmente processa a empresa por culpa do líder. Como é mais difícil ele processar a pessoa do líder, acaba muitas vezes até a contragosto, processando a empresa que tanto admira, só para descascar o verbo no líder, em sua petição inicial. No final, quem acaba assumindo o prejuízo é a empresa.

E um ponto que merece atenção é que como a caracterização do assédio moral necessita que a ofensa seja recorrente, muitos colaboradores ao serem demitidos por seus líderes, buscam resgatar situações de descontração pontuais, que a princípio eram bem aceitas por ele, enquanto integrante do grupo, mas que agora, já desligado da empresa, aproveita para reclamar judicialmente, alegando ter experimentado um dano moral. Estou me referindo a certas brincadeiras aceitas pelo grupo, não recorrentes, e agora colocadas em ações judiciais, buscando fundamentar pedidos de dano moral, por não ser o caso de assédio moral.

Infelizmente este tipo de postura acaba dificultando ainda mais a adoção de programas de descontração nas empresas, por má fé de certos colaboradores, que no afã de tirar vantagens indevidas das empresas ou até mesmo para atacar seus ex líderes, acabam por criar situações constrangedoras e em alguns casos até mesmo oportunistas.

Mas a boa notícia é que a Justiça do Trabalho já está atenta a esses casos reconhecendo a má-fé desses ex-empregados.

Por isso, reforço duas importantes recomendações ao instituir os programas de descontração no trabalho:

1º que sejam opcionais, portanto, só participa quem aceita suas regras para depois não contestá-las e;

2º que envolvam a coletividade de colaboradores e nunca sejam individuais, pois muitos colegas se divertem enquanto o alvo da brincadeira é um outro colega, mas quando ele passa a ser o alvo desta mesma brincadeira previamente aceita, sente-se ofendido e busca a Justiça.

## Saiba por que o estresse nas empresas causa mau humor

E nada causa mais estresse do que a demissão e o processo judicial. Aliás, como nos ensina o escritor Francisco Gomes de Mattos, todo relacionamento humano gera estresse. A causa básica está no reconhecimento das diferenças individuais. Cada ser humano tem uma história própria, cultura, valores e princípios desiguais, harmonizável em termos de interesses convergentes. A organização surge para racionalizar os esforços à consecução dos objetivos comuns, o que pressupõe sistema integrado. A única maneira efetiva de tratar o estresse é melhorando o ambiente social e profissional. Maior investimento em cooperação do que em competição.[13]

Nas empresas, o que causa estresse, além de um ambiente mal-humorado são:

- **Longas jornadas de trabalho** – a própria Consolidação das Leis do Trabalho, conhecida como CLT, determina em seu art. 58, que a jornada de trabalho deve ser de oito horas diárias e no máximo quarenta e quatro semanais conforme prevê o artigo 7º, inciso XIII da nossa Constituição Federal, com um intervalo de uma hora para descanso e refeição previsto no art. 71 da CLT, podendo-se realizar duas horas extras a mais durante o dia (art. 59), desde que seja respeitado o intervalo de onze horas consecutivas (art. 66) entre o final de uma jornada e início da jornada subsequente, sempre com o descanso semanal de vinte e quatro horas seguidas, preferencialmente aos domingos (art. 67).

Segundo informações publicadas no jornal Daily Mail um estudo realizado em 2012 pelo Finnish Institute of Occupational Health, sob a liderança de Marianna Virtanen, revelou que as pessoas que traba-

[13] MATTOS, Francisco Gomes. Op. cit., p. 321 - 351.

lharam mais de oito horas por dia tinham uma chance de 40 a 80% maior de doença cardíaca.

O estudo sugere ainda que o excesso de trabalho provoca estresse, aumento da pressão arterial, leva a dietas pouco saudáveis e à falta de exercício. Lembre-se de que o bom resultado é fruto do trabalho certo e não do trabalho árduo.

Os pesquisadores revisaram uma dúzia de estudos com data desde 1958 até os dias de hoje, envolvendo um total de 22 mil pessoas de todo o mundo. A equipe concluiu que, a longo prazo, o efeito das horas extras sobre a saúde dos trabalhadores pode ser devastador.

E por fim cabe perguntar: do que adianta ganhar um pouco mais para poder comprar uma cama e não ter sono? Para frequentar os melhores restaurantes e não ter apetite? Para produzir riquezas e não ter com quem compartilhá-las? Pense nisso!

- **Altos níveis de ruído** – está mais do que comprovado pela medicina do trabalho que níveis de ruído acima de 85 decibéis (Decreto 4882/03 – art. 2º), equivalente ao barulho do liquidificador, provocam prejuízo à saúde do trabalhador. Isso é fato, pois ninguém consegue manter o bom humor ouvindo muito barulho. Ele irrita, e muito!

- **Calor excessivo** – assim como o ruído, o calor excessivo também tira o humor de qualquer um, podendo ser considerado como um inimigo no nosso trabalho. Ele influi diretamente no nosso desempenho, fazendo com que o cansaço apareça precocemente, o que acaba com o nosso bom humor, ainda que o corpo se defenda com o suor, que mantém a pele molhada, passando a sensação de frescor.

- **Metas inatingíveis** – outro ponto que quebra o bom humor de qualquer ser humano é ter de se esforçar para superar metas impossíveis. Ainda que valha aquela máxima "sem saber que era impossível ele foi lá e fez", quando nos é imposta uma meta (imposta eu digo, pois são poucas as empresas que já chegaram na maturidade de entender que meta deve ser negociada com o empregado) que desde o início já sabemos que não será atingida, não por demérito do trabalhador, mas for falta de instrumentos e condições proporcionadas pela empresa e sua "liderança", bem como pela falta de autonomia. A propósito, você já ouviu falar na Meta S.M.I.L.E.? Essa é mais uma das minhas criações apresentada na palestra em que demonstro conseguirmos atingir com maior persistência e determinação uma meta que nos descontrai e faz sentir bem, do que aquela que nos estressa e desgasta a ponto de facilmente desistirmos. Portanto, se a sua empresa se baseia na meritocracia (apesar de entender que ela detona o clima interno, por valorizar a competição em detrimento da colaboração), ela deve dar as condições para que seus colaboradores cheguem lá.

- **Despreparo para certas atividades** – o que mais chateia e causa mau humor em um colaborador é delegar-lhe atividades sem o devido preparo. Isso infelizmente ainda é muito frequente nas empresas. Eu mesmo conheço várias pessoas que foram promovidas por exemplar desempenho, mas que não receberam o treinamento adequado para esta nova fase profissional, para a qual, aliás, foram levadas a contragosto, pois se recusassem estariam "com o filme queimado" na empresa, sob a alcunha de ser um profissional "descomprometido", "encostado", etc. Eu mesmo já presenciei várias situações destas. Quando na verdade a empresa deveria certificar-se se aquele é realmente o desejo do colaborador, dando valor ainda mais àqueles que se manifestassem contrários à promoção, o que evitaria desperdício de tempo, dinheiro e até mesmo de um excelente executor de determinadas atividades. Aliás foi publicado em abril de 2009 um estudo desenvolvido por economistas e psicólogos da Universidade Britânica de Warwick, que concluiu que "Promoção no trabalho aumenta estresse em 10%". É claro que este estresse é positivo (conhecido como o eustresse), na medida em que buscamos esforço para uma atividade desafiadora, porém, desenvolvedora também. Mas imagine que se a promoção pretendida já gera estresse, o que dizer daquela que não é desejada! Aliada ao fato de que quando promovido, o número de consultas ao médico cai em 20% em média, por cada colaborador promovido, por falta de tempo para se consultar e também em muitos casos, por vergonha de se mostrar incapacitado para a função[14].

Portanto, é muito importante a atenção da alta liderança no sentido de evitar ao máximo a geração de estresse elevado e pernicioso (distresse) entre seus colaboradores, pois isso gera um mau humor crônico.

Agora vamos deixar o estresse de lado e partir para uma parte fundamental do Programa de Gestão do Humor para Inserção da Descontração e Diversão Responsáveis no Ambiente de Trabalho que é o envolvimento, ou também podemos tratar de engajamento dos nossos colaboradores e finalizarmos com a execução, ou seja, "Colocar em prática" o nosso projeto.

[14] *Promoção no trabalho aumenta stress em 10%, diz estudo.* <http://www.bbc.co.uk/portuguese/ciencia/2009/04/090413_promocao_saude_dg.shtml> . Acesso em: 16 fev. 2014.

# Envolva e Execute

S = Sorria

M = Mude de Atitude

I = Identifique Oportunidades

L = Lidere

Positivamente

**E = Envolva e Execute**

# ENVOLVA E EXECUTE

## Ninguém pode ser obrigado a rir: envolva seus colaboradores e execute o programa

Não é possível implantar um programa de Gestão do Humor para inserção da descontração no ambiente de trabalho, obrigando seus colaboradores a sorrirem e se divertirem a contragosto. Ninguém pode ser obrigado a sorrir e se divertir. Aliás, existem várias maneiras de se divertir, sem necessariamente demonstrar externamente esta emoção ou atividade. Os colaboradores além de obterem o aval da alta direção, devem perceber também as vantagens de se exporem em atividades que futuramente não serão utilizadas contra eles.

Daí a importância de se dar uma maior atenção ao treinamento contínuo dos líderes empresariais nas relações trabalhistas e especialmente humanas e, para isso, podemos utilizar os serviços de um profissional que ainda é novidade, mas cuja importância vem crescendo a cada dia, principalmente nas empresas maduras que buscam atividades de Gestão do Humor e programas de descontração corporativa. Estou falando do Consultor do Humor.

## Torne-se um consultor do bom humor: uma nova profissão!

Muitas das vezes, a alta direção das empresas não consegue definir uma equipe para desenvolver o Programa de Gestão do Humor no ambiente de trabalho. Para aqueles que se encontram nesta situação, eu tenho uma saída: contratar uma consultoria do riso e do humor. Não só os psicólogos e especialistas em PNI – Psiconeuroimunologia, mas também os médicos já têm reconhecido o potencial do bom humor, comprovando que seremos mais saudáveis e produtivos se rirmos mais. Este tipo de atividade profissional se baseia nos princípios e benefícios que podemos obter com a aplicação destas simples, mas potentes ferramentas na gestão e organização das pessoas e de como integrar o humor na estratégia de RH de uma empresa para aproveitar todos os seus benefícios no ambiente empresarial.

Os Consultores do Bom Humor surgiram nos EUA desde que o Dr. Malcolm Kushner, no início da década de 90, largou sua atividade de advogado empresarial para se dedicar a este tipo de consultoria. E aqui no Brasil eu desempenho esta atividade, também utilizando-me dos conhecimentos e práticas adquiridas em minha carreira de mais de 30 anos na gestão das áreas de Recursos Humanos e Jurídico Trabalhista e Sindical, além de ter atuado como *ombudsman* interno, o que me valeu prêmios e muito relacionamento interpessoal com os colaboradores de todos os níveis, áreas e localidades em todo o País.

Nesta atividade de consultoria do Humor, que para mim não é uma profissão, mas sim "uma missão", tenho como objetivo inserir a diversão responsável no ambiente corporativo, integrando-o na estratégia de RH para aproveitar todos os benefícios no ambiente empresarial, conscientizando seus líderes e colaboradores sobre suas vantagens e treinando-os nas técnicas de gestão e organização das pessoas, ensinando-os a serem bons brincalhões e a encontrarem diversão no trabalho que fazem – independentemente do cenário econômico pelo qual passam. É um verdadeiro investimento!

Não se trata de ensinar as pessoas a contar piadas ou se tornarem comediantes, mas apenas se tornarem mais receptivas e enviarem sinais de que não há problema se existir humor no trabalho. E também porque seriedade é uma coisa e sisudez é outra completamente diferente. Então brincar não significa falta de seriedade, ou seja, um profissional pode ser sério e ter espaço para fazer saudáveis brincadeiras. E olha que o bom humor é contagiante!

Um dos grandes desafios nesta atividade é saber ser descontraído na hora e medida certa. E por ser difícil fazer isso é que essa "competência" chamada bom humor passou a ser valorizada e até essencial para a empregabilidade do profissional, pois se encontra aliada à flexibilidade e habilidade de trabalhar em grupo, gerando grandes vantagens competitivas também para as empresas, que buscam avaliá-la já no início do processo seletivo.

Mas é preciso ter cuidado para não nos tornarmos pessoas chatas ao invés de bem-humoradas. Temos de saber quando e com quem brincar, obter essa permissão e analisar se o conteúdo da brincadeira não é algo preconceituoso e pernicioso. É tudo questão de bom senso! E novamente entra aqui também o papel do Consultor do Bom Humor, alertando-nos sobre a medida e ocasião propícia que devem ser observadas. Atenção: bom humor não é sinônimo de extroversão, pois timidez não tem nada a ver com mau humor.

O Consultor do Bom Humor tem espaço em inúmeras empresas nos mais variados ramos, em especial naqueles onde se lida com o público e com a criatividade, como por exemplo, TI, aviação, atendimento ao consumidor, turismo, hotelaria, e tantos outros. Algumas empresas, no entanto, exigem mais formalidade com o público, e assim podem desenvolver o bom humor em atividades extras como festas, comemorações, confraternizações e outros eventos. O importante é que nenhuma fique de fora e possa conquistar também o *status* de melhor empresa para se trabalhar.

Agora uma coisa é certa: as empresas não podem obrigar os seus empregados a se divertirem. Eles precisam também comprar a ideia e aceitar os benefícios que uma gostosa risada proporciona, motivo pelo qual ela é ligada ao aumento na energia do empregado, produtividade e criatividade. Muitos empregadores contratam o Consultor do Bom Humor para espalhar mensagens de bem-estar às equipes, treiná-los na condução de reuniões e apresentações com mais descontração, participar em festas e convenções etc.

Mas há também pessoas que são resistentes ao riso, seja por

possuírem um senso crítico elevado ou um julgamento muito forte, e para estas o mundo se torna mais pesado e sem cor.

E convenhamos que conviver todos os dias com colegas do tipo "sempre de mal com a vida", ainda que extremamente competentes, não é nada fácil!

Por isso promover o bom humor no ambiente de trabalho pode não ser 100% positivo, mas não podemos discordar ser ele uma ótima maneira de ajudar as pessoas a lidarem com uma jornada de oito horas diárias. As pessoas não precisam ser positivas o tempo todo, mas as empresas precisam ajudá-las a melhorar o seu humor e para isso vai mais uma dica: basta apenas dar-lhes a oportunidade para desestressar.

Atualmente existem empresas que estão chamando comediantes para ajudar os funcionários a relaxar e ensinar os gerentes a incorporar o humor em seu estilo de gerenciamento. Mas a minha proposta com O Método S.M.I.L.E. vai além do entretenimento: mostra o valor do bom relacionamento no ambiente de trabalho.

É muito comum e saudável contratar um consultor externo para ajudar os chefes a se tornarem mais alegres. Se até os reis tinham bufões para descontrair o ambiente e até mesmo lhe falar as verdades de uma maneira velada, por que não se valer destes profissionais do humor?

Uma das tarefas deste consultor é brincar com dirigentes e fazer com que "caiam na real", uma vez que não representam uma ameaça, eles podem relaxar, demonstrar alegria e, no final, acabam percebendo que esse é o caminho para melhorar a comunicação com seus funcionários, os quais, por sua vez, exploram sua "criança interior" que mantém a crença de que é possível fazer tudo que se quer neste maravilhoso e divertido mundo corporativo, desde que seja com responsabilidade, bom senso e se atinja o resultado desejado.

E você pensa que isso é alguma novidade? Em março de 2007 foi publicado no Caderno de Negócios do Estadão um artigo com o título "Consultores de humor levam o riso aos escritórios". Transcrevo a seguir a íntegra deste artigo:

> Trabalhar, para você, significa dar uma risada por minuto? Ou trata-se apenas de uma tediosa e cansativa jornada longe de casa? Alguns especialistas acreditam que, se nós rirmos mais, seremos mais saudáveis, mais felizes e mais produtivos. Para isso, surgiu mais um guru de escritório - o consultor de bom hu-

mor. Consultores de bom humor são usados por empregadores de todos os tipos, de bancos a emissoras de TV. Ainda não se sabe por que alguns setores são mais divertidos do que outros, embora uma pesquisa conduzida recentemente pela MSN Video tenha descoberto que o funcionário médio do Reino Unido ri 45 minutos por dia e que os entrevistados mais alegres do levantamento trabalham em turismo, hotelaria e atendimento ao consumidor. Como muitas filosofias corporativas modernas, o conceito de humor como auxílio ao bom desempenho no trabalho surgiu nos EUA - o que é também uma de suas deficiências, segundo Christie Davies, professor de Sociologia da University of Reading, Inglaterra, e autor do livro The Mirth of Nations (O Contentamento das Nações). Nos EUA eles tendem mais a acreditar nas bobagens corporativas. Temos uma cultura diferente, é preciso ter critério, diz. Talvez os empregadores do Reino Unido estejam ingressando nessa corrida do riso, por que a moral esteja tão baixa em algumas organizações, que os empregadores aplacam os empregados descontentes com soluções instantâneas - e os consultores do bom humor têm o objetivo de espalhar mensagens de bem-estar à equipe. O comediante Jack Milner é sensível à atitude dos funcionários quando conduz seminários em organizações, tais como o Channel 4 e o Citibank. Começo muito suavemente, diz. Se você chega e diz para todo mundo pular para cima e para baixo sem motivo, vai obter reações negativas. Você precisa fazer com que todos embarquem na proposta e estejam empolgados com o que fazem. Para Milner, isso significa sintonizar-se com o que a organização faz e entender as funções individuais. Ele também gosta de dar aos funcionários uma oportunidade de se manifestarem, mas não uma chance de ridicularizar os colegas. Por exemplo, não funciona se um grupo faz uma encenação sobre a inutilidade do departamento de marketing, diz ele. O que funciona é se eles pertencerem ao departamento de marketing e fizerem uma encenação sobre como querem ser percebidos e como realmente são percebidos. Kate Hull Rogers, que já foi atriz, começou a trabalhar com consultoria de humor depois que teve um colapso nervoso. Ela também afirma que promover o bom humor no ambiente de trabalho não é inexoravelmente positivo, mas uma forma legítima de ajudar as pessoas a lidarem com o expediente das 9 às 17 horas. Não é tudo doçura e leveza, pode ser apenas soltar a pressão, ressalta ela. Frequentemente, as pessoas que trabalham numa organiza ção sentem que precisam ser positivas o tempo todo. Em suas visitas às empresas, ela faz sessões de desabafo positivo, na quais as pessoas podem se manifestar sobre algo que detestam. Se não for de forma contínua, realmente demonstrar suas emoções pode funcionar bem. É como se encontrar com as amigas num bar à noite e ficar tentando consertar o mundo.

Esta atividade vem sendo levada tão a sério que está difundida pelo mundo todo, tendo nos Estados Unidos a Playfair presidida por Matt Weinstein, que se autodenomina "O Imperador"; em Barcelona, na Espanha onde temos a Diverrisa, cujo presidente Enric Castellví, em 2010, foi meu formador no curso para monitores do riso; no México temos o Proyecto Risa "O Projeto Riso"; temos ainda o Humor Terapêutico, que é um site desenvolvido pela estudiosa Esther Quintero; e o Humor Positivo, também comandado pelo pedagogo Jesús Damián Fernández Solís e o psicólogo Eduardo Jáuregui Narváez, dentre tantas outras iniciativas.

E aqui no Brasil venho desenvolvendo esta atividade desde 2009, com um foco bem mais abrangente, sempre buscando conscientizar os participantes por meio de minhas palestras e *workshops*, sobre os benefícios do riso positivo e o bom humor responsável tanto para a nossa saúde, quanto para os nossos relacionamentos pessoais e profissionais, destacando a diferença entre o "bom humor" negativo, do "bom humor" positivo, minimizando situações de estresse na organização e reduzindo ações de assédio moral, principalmente por brincadeiras de mau gosto.

## Como criar o seu próprio comitê da alegria

Além do consultor do humor, existe uma outra alternativa que é a formação de um grupo de multiplicadores, chamado como Comitê da Alegria, ou Comissão da Diversão, ou ainda Agentes do Riso (o nome deverá ter a cara da empresa!), cuja missão é levar alegria a todos os departamentos da empresa, respeitando os quatro pilares de que tratamos linhas atrás, e criando uma atmosfera divertida, porém responsável, com o desenvolvimento de diversas atividades.

Como nos ensina o autor Hal Urban, esses verdadeiros agentes do riso poderão assumir atitudes simples, ficando atentos às situações de humor, pois elas chegam nos lugares mais inesperados e estão sempre por perto; anotando as descobertas num lugar predeterminado, como por exemplo, criando um arquivo com pastas destinadas ao tema humor saudável; assinando publicações humorísticas, como aqueles serviços de piadas que enviam por e-mail no mínimo duas piadas saudáveis e uma frase engraçada por dia; compartilhando o que acham engraçado, pois todos nós deveríamos ter sempre pelo menos cinco coisas engraçadas para dividir com os outros.

Quando eu trabalhava numa importante e divertida multinacional do setor farmacêutico, compartilhava com todos os meus colegas de trabalho, durante um determinado período, artigos e matérias sobre a importância do bom humor no ambiente corporativo, o que se tornou o embrião de um projeto maior de diversão no trabalho.

Adotando uma nomenclatura mais familiarizada ao ambiente corporativo, podemos inclusive denominar este comitê como "**CIPA DA ALEGRIA** - Comissão Interna de Proteção à Alegria", que assim como a CIPA propriamente dita, só que sem a estabilidade legal (é claro!), poderá organizar paralelamente à SIPAT – Semana Interna de Prevenção dos Acidentes no Trabalho, atividades que busquem a descontração e diversão dos colaboradores.

Como nos sugere o colega e psicólogo Nei Loja, podemos inclusive afixar nos departamentos ou no refeitório da empresa, um cartaz ou placa com os seguintes dizeres:

> Estamos há _____ dias sem qualquer demonstração de mau humor e conversas negativas. Por favor, ajude-nos a manter esta performance, sorrindo e fazendo alguém sorrir, ao menos 10 vezes todos os dias.

Estes grupos, sejam eles chamados da melhor maneira que a empresa entender, são responsáveis também pela organização da diversão e de atividades sociais para os funcionários e seus familiares, como por exemplo, noites de teatro e cinema, jantares mensais, noites do queijo e vinho, hino da empresa, coral com os empregados, doações para instituições de caridade, organização de torneios esportivos, criação do grêmio, visitas ao site etc. Vale destacar que as comemorações, quando abertas aos familiares, criam laços mais estreitos entre os funcionários.

Outras práticas que podem ser coordenadas por esta equipe são: música ambiente, quadros de avisos divertidos, pôsteres e fotografias engraçadas etc. Sempre procurando manter o respeito às diversidades e obtendo permissão dos envolvidos nas brincadeiras, com o objetivo de garantir que o espaço de trabalho esteja sempre limpo, agradável e que propicie estímulo a todos, por meio da aplicação do 5S. Um bom ambiente é fator de excelência no trabalho. Inclusive quanto ao programa 5S que surgiu no Japão no início dos anos 1950 e se refere a cinco palavras japonesas Seiri, Seiton, Seisou, Seiketsu, Shitsuke, as quais significam respectivamente Senso de Utilização, Senso de Ordenação, Senso de Limpeza, Senso de Saúde e Senso de Autodisciplina, eu gostaria de acrescentar mais duas que costumo apresentar em minhas palestras sobre Segurança e Saúde no Trabalho, que são: Senso de Segurança e Senso de Humor.

Um **Comitê de Comunicação Interna** também se faz muito importante, pois será responsável pela elaboração e divulgação de Boletins Internos, uma excelente ferramenta para estimular o espírito de equipe e a motivação de todos. Como integrante que já fui deste tipo de comitê, posso garantir que o Jornal interno funciona muito bem para manter o humor na empresa. Por meio dele podemos divulgar boas notícias, perfil dos funcionários, caça-palavras, classificados, premiações, anúncio de promoções e admissões, atividades filantrópicas etc. Quando eficiente, honesta e transparente, a comunicação interna divulga e solidifica a identidade da empresa, além de construir um importante elo em diferentes equipes e entre funcionários, líderes e direção. Também é importante que os funcionários tenham canais de comunicação direta com os líderes da organização. O simples fato de funcionários de um departamento conhecerem as atividades cotidianas realizadas por outros funcionários implica companheirismo.

## Ótimas dicas de atividades divertidas e responsáveis

O que mais estes grupos ou comitês podem desenvolver? Tenho outras sugestões de atividades que podem organizar:

**Celebridade do ano** – organizar atividades com o objetivo de descobrir quem tem mais qualidades artísticas como dança, canto, tocar um instrumento musical, contar piadas, fazer números de mágica, de malabarismo, de imitação etc.

**Programa de voluntariado para arrecadação de fundos e de alegria** - fazer trabalho voluntário para um projeto de caridade ou uma causa importante, arrecadar fundos para uma instituição ou dedicar um dia para pintura e limpeza geral de um orfanato, creche ou asilo etc. Aliás, no Instituto do Riso (www.institutodoriso.org.br), uma OSCIP fundada por mim em 2011, divulgo o Voluntariado do Riso, como forma de arrecadação de alegria, tanto para quem o desempenha como para quem recebe sua visita.

**Coral da empresa** – organizar, com a ajuda de um maestro, um coral para se apresentar nas diversas comemorações da empresa. Eu mesmo já fiz parte de um grupo destes e posso garantir que além de integrar o grupo, nos torna mais comprometidos com a empresa.

**Hino da empresa** – organizar um torneio ou competição, visando a estimular os colaboradores a comporem uma música que destaque a missão, visão e valores da empresa, bem como os seus atributos que a diferenciam das demais. Além de aumentar o nível de união entre todos, este tipo de atividade facilita a memorização de diversas mensagens que a empresa busca passar aos seus colaboradores.

**Mascote da empresa** – Traz mais identidade para o grupo, dá aos funcionários uma sensação de participação e ajuda muito em termos de marketing.

**Corrente de sorrisos** – Faça questão de sorrir e de dizer "bom dia" a todos os colegas que encontrar assim que chegar à empresa. Sorrir primeiro também é a melhor maneira de garantir que vai sorrir por último.

**Clube da segunda-feira** - Com o objetivo de, por exemplo, transformar o almoço deste dia da semana em algo especial, podendo ser em uma pizzaria, bom restaurante, comida caseira etc. Despertar o: "Oba, já é Segunda!". Cada semana uma pessoa pode ficar encarregada de organizar o almoço e inventar algo diferente e divertido para todos. Isso também ajuda a desmistificar a síndrome da segunda-feira, fazendo-nos entender que inclusive este dia da semana é muito importante, por representar o recomeço e, portanto, uma nova oportunidade para fazer o que gostamos.

**Sextas-feiras coloridas** – Ouvi dizer que no Havaí, as empresas descobriram uma maneira diferente e divertida de aumentar a produtividade: o último dia da semana é considerado a "sexta-feira Aloha", em que todos vão usando roupas informais, floridas e coloridas.

**Dia de bônus** – Sempre que uma pessoa ou equipe atinge meta antes do prazo, é recompensada com um dia a mais de salário ou com uma tarde de folga.

**Malabarismo** – Contratar um malabarista profissional, pois poucas coisas na vida são mais divertidas que aprender a fazer malabarismos.

**Trovadores** – Contrate o serviço destes profissionais da música, para breves celebrações, lançamentos de produtos, endomarketing etc.

**Administração recreativa do refeitório** – Uma simples máquina de bebidas e salgadinhos com opções variadas pode ter um impacto positivo sobre os funcionários.

**Dia de passear** – A equipe que se diverte unida, trabalha bem e unida.

**Dia do feedback positivo** – Dentro das equipes, *feedbacks* do desenvolvimento dos funcionários por parte de seus supervisores diretos devem ser realizados com frequência e podem acontecer em avaliações periódicas de desempenho. Elogios e Palavras Positivas sempre colaboram para alegrar o dia de alguém, ainda que seja por um motivo bem simples. Vamos procurar focar nas habilidades e talentos dos nossos colaboradores e não em seus pontos fracos, que devem ser desenvolvidos, porém, sem nos esquecer de somar esforços nos pontos fortes.

**Pesquisa de clima** – Pode ser por meio de um questionário desenvolvido pela própria empresa, por uma consultoria especializada em Clima Interno ou pelo próprio instituto norte-americano de pesquisa Great Place to Work (GPtW), que escuta e avalia depoimentos de profissionais do mundo todo desde 1980. As qualidades principais avaliadas são cinco (com seus respectivos valores) e podem ser divididas em três grupos: i) relações entre empregadores e funcionários (credibilidade, respeito e justiça); ii) relações entre funcionários e trabalho ou empresa (orgulho e companheirismo); e iii) relações dos funcionários entre si.

**SIPAT** – Gosto muito desta atividade que carinhosamente denominei de SIPAT – Semana Interna de Promoção da Alegria no Trabalho – por mim criada com o objetivo de durante toda uma semana, que pode ser a da Qualidade de Vida, apresentar temas que busquem conscientizar nossos colaboradores sobre a importância e os benefícios que uma atitude bem-humorada proporciona à nossa saúde e ambiente de trabalho.

Como já destaquei, estas e muitas outras atividades visam a melhoria do humor da empresa e dos colaboradores, ajudando a reduzir o nível de estresse, fazendo com que os interessados em participar possam relaxar e se descontrair por poucos minutos que sejam e com isso também melhorar o relacionamento interpessoal e se conscientizar de que não precisam de uma postura sisuda para externarem a seriedade de suas atividades, que podem ser realizadas de maneira descontraída e produtiva.

## O humor melhora o relacionamento interpessoal

Conforme o artigo da consultora e conferencista sobre o humor no local de trabalho, Jacqueline Miller, o humor melhora os relacionamentos profissionais.

Segundo Jacqueline, uma das razões porque muitos consultores altamente qualificados especializaram-se em levar o humor ao local de trabalho é a redução da tensão interpessoal. As ferramentas de aptidões de comunicação ou interpessoais na dinâmica de grupo são vitais para a sinergia da equipe e para a colaboração entre seus integrantes. A diferença entre um grupo de trabalho que cumpre sua tarefa com as pessoas tentando esganar umas às outras e um grupo que age como uma equipe funcional e criativa é a colaboração por meio de relações interpessoais positivas. Essa é simplesmente outra forma de descrever o *empowerment* em equipes e organizações.

As aptidões interpessoais possibilitam a comunicação que vai além da estrutura formal de recepção da mensagem, viabilizando o bom fluxo de informações por todos os membros da equipe. Incluem fatores como correr riscos, críticas construtivas, objetividade, capacidade de ouvir atenta e ativamente, compreensão e reconhecimento dos interesses, gostos, aversões, necessidades, desejos e realizações dos outros. Abrangem, acima de tudo, senso de humor para transpor os muitos obstáculos que a equipe enfrentará na busca da meta almejada.

As equipes bem-sucedidas devem definir normas claras de comportamento. O consentimento de relações maduras de humor, por exemplo, dá a uma equipe ferramentas de *empowerment* eficazes. Os componentes da equipe precisam identificar o senso de humor como parte integrante da comunicação humana e demarcar as fronteiras das brincadeiras aceitáveis e inaceitáveis. O que parece engraçado para alguns pode ser incrivelmente doloroso para outros. Em todo caso, a ridicularização e o sarcasmo são formas de humor inaceitáveis.

Peter Alsop, psicólogo e escritor de São Francisco, diz que "a ridicularização é (parcialmente) uma maneira socialmente aceita de controlar o próximo". Para quem reprime as emoções, é uma oportunidade para liberar a risada, mas, por outro lado, destrói a autoconfiança. O sarcasmo é a raiva disfarçada de humor e não é fruto de boas intenções, nem tem virtudes redentoras. As equipes que tentam colaborar para criar um ambiente de *empowerment* e confiança não precisam de ridicularizações, nem de sarcasmos. Lembrem-se de que não precisamos de motivos para rir, portanto, o sarcasmo e outras formas de ridicularização não são aceitas pelo Método S.M.I.L.E. que também defende o "riso com as pessoas e não das pessoas".

De fato, senso de humor ajuda a dispersar a hostilidade e a raiva, abre a porta para soluções criativas com a participação de todos e também para um melhor conhecimento do outro e das informações técnicas sobre os objetivos da equipe, sem que com isso você venha a perder o respeito perante os demais colegas ou ter comprometida a seriedade do seu trabalho.

## Vencer a crença limitante de que quem se diverte não é sério ou comprometido

*Brincar é condição fundamental para ser sério.*
(Arquimedes – matemático e físico grego)

O primeiro passo é quebrarmos mais um paradigma: de que seriedade e alegria não se combinam. De que sisudez é sinônimo de responsabilidade e seriedade. De que quem ri muito não é sério e comprometido. Blá! Blá! Blá! Você, leitor, acredita que a orquestra dirigida por André Rieu é menos séria do que aquelas tradicionalmente sisudas? Você acredita que a empresa de aviação aérea Southwest é menos séria do que as tradicionais, só por que seus comissários de bordo anunciam cantando os cuidados iniciais? Então você precisa rever seus conceitos, pois ambas são apenas alguns dos exemplos de empresas altamente produtivas, rentáveis e divertidas. Mas para que a sua empresa se torne bem humorada, é necessário que ao menos metade dos seus colaboradores assim o sejam. Então vamos começar desde o processo seletivo, encarando o Humor como uma competência comportamental de inestimável valor.

É fácil imaginar o estrago que o colaborador mal-humorado ocasiona na vida de uma empresa, pois é sabido que o mau humor contamina e gera uma espécie de efeito cascata. A irritação do chefe contamina o subordinado e assim por diante. O resultado é que o que pode ser uma tarefa difícil certamente o será. A produtividade fica ameaçada. No entanto, as companhias estão alertas para essa constatação.

Hoje há uma tendência mundial de evitar funcionários zangados. "Nos Estados Unidos, é comum empresas excluírem o mal-humorado na fase de recrutamento", explica Ricardo De Machi, presidente da Corporation and Personal Health, empresa especializada na criação de projetos de qualidade de vida no trabalho. É certo que, onde os funcionários têm um astral melhor, há maior produção e, consequentemente, maior lucro. "O bom humor deixa as pessoas mais criativas e flexíveis", diz De Machi.[15]

## Selecione com atenção ao humor, uma valiosa competência!

Então, se você quer tornar sua empresa bem-humorada, comece por recrutar com mais frequência pessoas bem-humoradas. Para isso, precisa antes de mais nada reconhecer o Humor como uma competência altamente valorizada nos dias de hoje.

O próprio Professor da EAESP-FGV, Dr. Luiz Carlos Cabrera em artigo publicado na Revista Você S/A, edição de março de 2013, intitulado "HUMOR, Competência Eterna", afirma que esta virtude propicia o alto-astral, facilita as relações, abre as portas e diminui as resistências. E, para desenvolvê-la, basta praticar. Segundo suas palavras:

> *A minha privilegiada observação do cotidiano, em função da extensão da minha rede de relações depois de anos atuando como professor e headhunter, me permite acrescentar uma competência que é eterna e fundamental: O SENSO DE HUMOR. Não me*

[15] LOBATO, Eliane, BOCK, Lia. Colaboração VICTORAZZO, Murillo. *Sem cara feia!* Revista Istoé, São Paulo, n. 1.777, p. 105-107, 22 outubro 2003. Disponível em: <http://www.istoe.com.br/reportagens/detalhePrint.htm?idReportagem=14270&txPrint=completo>. Acesso em: 02 mar. 2014.

*refiro ao pia dismo barato, à gozação agressiva ou ao deboche.*

Uma antiga pesquisa da Hodge-Cronin & Associates Inc. com 737 principais executivos de grandes corporações chegou ao seguinte resultado: desde há muito tempo, 98% dos executivos já preferiam contratar uma pessoa com senso de humor a outra sem.

O também Advogado e Consultor do Humor norte-americano, Malcolm Kushner, informa no seu livro *Um toque de humor*, que antes mesmo do ano de 2000, a Integral, empresa de software de Walnut Creek, na Califórnia, já levava o humor a sério. Ela recrutava candidatos que também queriam se divertir no trabalho. Durante a entrevista, eles davam ao candidato uma declaração da filosofia da empresa e mediam sua reação enquanto era lida. Quem ficava impassível, provavelmente não seria feliz lá. Outro exemplo interessante que ele nos presenteia ocorreu na Sun Microsystems, onde a diretora de RH, Nancy Hauge, usava estratégia semelhante: *"nas entrevistas, eu conto mentalmente quanto tempo o candidato leva para rir ou me expor seu senso de humor"*. Ela acredita que as pessoas que conseguem ver com humor uma situação difícil provavelmente também conseguem enfrentar problemas sem se assustar.

Portanto, na hora da empresa contratar, o primeiro ponto é definir que tipo de empresa é a sua. Uma empresa que dá valor ao bom humor ou não, pois é isso que vai determinar o tipo de candidato que irá ser contratado.

A melhor estratégia para alimentar o clima positivo é contratar pessoas bem humoradas, otimistas, com espírito de equipe e colaboração. É fundamental ter a consciência de que um funcionário com qualificações parciais, mas astral elevado, pode gerar, no longo prazo, muito mais lucro para a empresa do que alguém que resolva alguns problemas de imediato, porém gere outros maiores posteriormente, especialmente se ocuparem cargos de chefia.

A receptividade dos candidatos para o humor pode ser avaliada por meio da observação de alguns aspectos, apontados por Julia Alonso e Marina Vidigal no livro "Rir é o Melhor Negócio":

i) **uso do humor:** é bastante relevante saber se foi um humor saudável e positivo, pois o tipo de humor negativo (como sarcasmo ou aquele baseado em preconceitos e humilhações) deve depor contra o candidato;

ii) **o papel do humor na vida do candidato:** fazer questionamentos sobre o papel exercido pelo humor em sua vida e conversar sobre o gosto por comédias, atividades e outras referências que divertem o candidato em questão;

iii) **capacidade de rir de si mesmo:** a capacidade de uma pessoa rir de si mesma é diretamente proporcional à sua autoestima e à abertura para brincadeiras;

iv) **reação a brincadeiras de terceiros:** a resposta a brincadeiras diversas, seja de outros candidatos ou dos entrevistadores, é mais um indício de sua abertura para o humor.

E para finalizar, apenas mais um exemplo que adoro sempre mencionar e que está presente no livro "Produtividade Divertida", escrito em 2008 por Leslie Yerkes, pois segundo Sandra Provost, chefe de recrutamento da Southwesth Airlines:

> Nós procuramos não apenas por alguém com senso de humor, mas alguém que também seja espontâneo (...). Quando entrevistamos candidatos a comissários de bordo, lhes pedimos que nos descrevam um incidente em suas vidas em que tiveram de usar seu senso de humor em alguma situação, e qual foi o resultado disso. Nós queremos que nossos funcionários entendam que o trabalho deve ser divertido, que não há nada de errado em pular, gritar e divertir-se no trabalho". (...) "Às vezes todos os recrutadores trabalham vestindo pijamas; às vezes, vestimos nossas roupas pelo avesso. Se eles ficam ofendidos ou desconcentrados, nós já sabemos que não são as pessoas certas para trabalhar na Southwest. Nossos critérios são: senso de humor, capacidade para trabalhar em equipe, boa comunicação, 'nós' em vez de 'eu', bom senso, capacidade tomar decisões, flexibilidade e iniciativa. Nós contratamos gente boa, e, então, criamos um ambiente de trabalho divertido". Nós buscamos pessoas liberadas, amantes da diversão".

Os novos contratados recebem do Departamento Pessoal a seguinte mensagem:

> Diversão é o que faz de nós a companhia número 1 junto aos nossos clientes. Diversão é o que nos move, ao longo do dia, e o que nos diferencia das outras transportadoras comuns! Na verdade, a diversão é uma das nossas vantagens compe-

titivas. Então, deixe de lado as elucubrações especulativas e aproveite as vantagens competitivas – e divirta-se!.

A Southwest é uma das empresas com os menores índices de rotatividade de mão de obra de toda a indústria aeronáutica: 4,7% em média. Sua fórmula de sucesso: manter as coisas simples e divertidas, compartilhar o sucesso, ser espontâneo e fazer as coisas acontecerem. *"O tempo voa quando estamos nos divertindo"*.

Mas atenção, tudo na vida só é bom se houver equilíbrio. É claro que uma empresa que só tenha colaboradores bem-humorados, não sobreviverá, como também não sobreviverá uma empresa que só contrata pessoas mal-humoradas. O segredo está no equilíbrio. Se houver 50% de colaboradores bem-humorados já está excelente, pois atualmente este percentual é muito menor, pois os mal-humorados, infelizmente, ainda são maioria, até pela conveniência desta postura.

## Agora, e se você é o candidato à vaga...

Seja feliz na busca pelo novo emprego, empenhe-se em encontrar o que realmente o satisfaça. Não perca esta oportunidade! Por isso, é importante preparar o espírito com antecedência e munir-se de bom humor, pois muitas vezes os contratantes não demonstram o interesse pelo humor, mas certamente poderão reprová-lo por parecer-lhes uma pessoa mal-humorada.

Por falar nisso, trago um estudo publicado na edição de setembro/2013 da Revista Você S/A, que foi desenvolvido pela CareerBuilder com 2.000 *headhunters* e RHs, cujo título é "Seleção: as coisas que ninguém diz". Quando perguntaram a estes 2.000 profissionais, "Qual o 1º fator que pode definir o sucesso de um candidato?", a resposta de 27% deles foi "Exibir um Bom Senso de Humor". Você acha pouco 27%? Então saiba que o 2º fator mais votado ficou com 26% das respostas, indicando o "Voluntariado", já o 3º fator com 22% ficou "Estar bem vestido" e em 4º lugar com 21% dos respondentes destacou-se a "Empatia com o Recrutador". As demais opções ficaram abaixo da casa dos 20%.

O autor Tim Sanders nos conta em seu livro "O Fator Gente Boa", que certa vez na seleção de emprego, ele recebeu na sede da Yahoo! vários candidatos à vaga de consultor executivo. Dentre eles, um candidato chamado Richard lhe chamou muito a atenção, pois com sua voz cordial e agradável, ele perguntou quais eram os próximos projetos de Tim, que ao responder, pintou um quadro frenético e horroroso de viagens constantes, pesquisas feitas de madrugada e montanhas de trabalho. Richard então olhou diretamente nos olhos dele e disse: *"deixe-me ajudá-lo. Deixe-me fazer um pouco deste trabalho por você. Você vai se matar com uma agenda dessas"*. Certamente foi o escolhido para a vaga[16].

Segundo Tim Sanders, "um dos principais benefícios da Simpatia é a escolha. Passamos a maior parte da vida tentando ser selecionados. Escolhas acontecem o tempo todo e, muitas vezes, não parecem nem um pouco justas. Isso ocorre por que elas foram feitas por outras pessoas que você não conseguiu influenciar. E conforme o ritmo aumenta, passamos a ter de escolher mais rapidamente. A boa notícia é que a maioria das pessoas age de maneira previsível, cumprindo o método dos três passos: 1º escuta algo em meio a muitas possibilidades; 2º acredita ou não no que foi dito e 3º avalia o que escutou e toma a decisão.

Portanto, na sua próxima entrevista para emprego, lembre-se de que o seu humor, simpatia e otimismo serão determinantes na decisão final. Se estiver de bom humor, passando uma imagem otimista e confiante, é muito provável que seja escolhido, mas se estiver se sentindo desconfiado e negativo, a probabilidade é que você ficará aguardando sentado por um próximo contato.

Em diversas situações o nosso futuro é determinado por escolhas feitas por nós mesmos, mas também, por outras pessoas. E na entrevista para empregos não é diferente, pois como você, existem muitos outros candidatos querendo a mesma vaga e pior ainda, a palavra final depende de uma terceira pessoa que é o selecionador. Então quanto mais bem-humorado você for, maiores serão as suas chances de ser o escolhido. Mas lembre-se de que o bom senso deve imperar. Cuidado para não se tornar um mala sem alça, com piadinhas e brincadeiras de mau gosto e fora do contexto a todo momento.

## Como escolher uma empresa bem-humorada para trabalhar?

Agora, atenção! Durante um processo seletivo você não deve se comportar apenas como um candidato, mas deve aproveitar esta oportunidade para também ser um avaliador da empresa e também do

[16] SANDERS, Tim. *O fator gente boa (GB) - Descubra o poder da Simpatia.* Rio de Janeiro: Editora Sextante, 2007, p. 65.

selecionador. Não se atenha apenas ao valor do salário ou localização e tamanho da empresa, pois existem muitas empresas de grande porte e até multinacionais que são super mal-humoradas.

Portanto, prepare-se antes da entrevista, visitando o site da empresa, conhecendo a sua filosofia, sua missão, visão e valores, conversando com pessoas que também a conheçam ou até mesmo relendo as reportagens sobre ela disponíveis na internet. Chegue uma hora antes da entrevista e avalie o clima da empresa, a começar pela sua recepção, que é o seu cartão de visitas.

E agora só me cabe parabenizá-lo pela conquista do seu tão sonhado emprego e mostrar como o bom humor poderá impulsionar a sua carreira. Lembre-se sempre desta máxima dita por um experiente marinheiro: "nós não podemos mudar a direção dos ventos, mas, com certeza, podemos alterar a posição das velas".

Gosto muito desta máxima, pois ela me lembra que podemos não escolher o trabalho a ser realizado, até por que é o chefe que nos manda fazer, mas podemos certamente escolher como realizá-lo, ou seja, se ao final conseguirmos entregar o resultado esperado, poderemos escolher desenvolver a tarefa com muita alegria, diversão e bom humor, aproveitando o momento para conhecer novas pessoas, lugares, etc.

Agora, se você anda sempre mal-humorado e insatisfeito com alguns aspectos da sua vida profissional, é hora de mudar suas velas. De acordo com as possibilidades oferecidas por seu cargo, procure colocar mais humor na rotina; tente transformar seu ambiente de trabalho, mudando primeiro sua atitude pessoal diária. Se em sua empresa isto não é possível ou se você está insatisfeito com a profissão, pense em se recolocar nem que seja em um outro mercado.

Não perca oportunidades à espera de melhores ventos. Comece no emprego que lhe apareceu e desenvolva nele o seu melhor, mas se aparecer depois disso uma posição melhor fora da empresa, avalie. Devemos estar sempre avaliando o mercado, pois isso nos ajuda a nos manter antenados e atualizados, aumentando consequentemente a nossa empregabilidade.

Para exemplificar, gosto muito de contar a história do Zé Alegria. Você a conhece? Pois então vamos lá: "havia uma fazenda onde os trabalhadores viviam tristes e isolados.

Eles estendiam suas velhas e surradas roupas no varal e alimentavam seus magros cães com o pouco que sobrava das refeições. Todos que viviam naquele local trabalhavam na roça do Sr. João, dono de muitas terras, que exigia trabalho duro, pagando pouco.

Um dia chegou ali um jovem agricultor em busca de trabalho. Foi admitido e recebeu, como todos, uma velha casa para morar enquanto trabalhasse ali. Vendo a casa suja e abandonada, o jovem resolveu dar--lhe uma nova cara. Cuidou da limpeza e, em suas horas vagas, lixou e pintou as paredes com cores alegres e brilhantes, além de plantar flores no jardim e nos vasos. A casa limpa e arrumada destacava-se das demais e chamava a atenção de todos que por ali passavam.

Ele sempre trabalhava alegre e feliz na fazenda, por isso logo recebeu o apelido de Zé Alegria. Os outros trabalhadores perguntavam: "como você consegue trabalhar feliz e sempre cantando com o pouco dinheiro que ganhamos?".

O jovem olhou para os amigos e disse: "bem, este trabalho hoje é tudo que eu tenho. Ao invés de blasfemar e reclamar, prefiro agradecer por ele. Quando aceitei trabalhar aqui, sabia das condições. Não é justo agora reclamar. Farei com capricho e amor aquilo que aceitei fazer".

Os outros, que acreditavam ser vítimas das circunstâncias, abandonados pelo destino, o olhavam admirados e comentavam entre si: "como ele pode pensar assim?".

O entusiasmo do Zé Alegria, em pouco tempo, chamou a atenção do fazendeiro, que passou a observá-lo a distância. Um dia o Sr. João pensou: "alguém que cuida com tanto carinho da casa que emprestei, cuidará com o mesmo capricho da minha fazenda. Ele é o único aqui que pensa como eu. Estou velho e preciso de alguém que me ajude na administração da fazenda".

Num final de tarde, foi até a casa do rapaz e, após tomar um café fresquinho, ofereceu ao jovem o cargo de administrador da fazenda. O rapaz aceitou prontamente.

Seus amigos agricultores novamente foram lhe perguntar: "o que faz algumas pessoas serem bem-sucedidas e outras não?". A resposta do jovem veio logo:

*"Em minhas andanças, meus amigos, eu aprendi muito e o principal é que: não somos vítimas do destino. Existe em nós a capacidade de realizar e dar vida nova a tudo que nos cerca. E isso depende de cada um".*

O grande segredo da Felicidade é aprender a aproveitar, dia a dia, tudo o que conquistamos. A cada dia devemos acrescentar uma nova medida de beleza e alegria à nossa vida, antes de chegar o dia de amanhã. O estudante deve aprender a ser feliz, ao estudar as suas lições e adquirir novos conhecimentos; o aprendiz e estagiário, ao praticarem sua profissão; o negociante, ao fazer novos negócios e conhecer novas e interessantes pessoas, pois do contrário, todos correremos o risco de não aproveitarmos nada do que conquistamos.

A esta altura da leitura, você já deve ter notado que gosto muito do *storytelling*, não é mesmo? Pois, vou agora ilustrar esta última passagem com mais uma história. Conta uma lenda oriental que um gênio poderoso prometeu à uma donzela um presente de raro valor, se atravessasse um trigal, e , sem parar, nem retroceder, nem se desviar para qualquer dos lados, colhesse a espiga maior e mais madura; o prêmio seria proporcional ao tamanho e beleza da espiga.

A donzela atravessou o campo, encontrando a cada passo espigas dignas de serem colhidas, mas continuava a procurar, esperando sempre encontrar uma espiga maior e mais bela. Chegou enfim àquela parte do trigal em que as espigas eram mais pequenas e preferiu não colher nenhuma, chegando ao final com seu cesto vazio e sem aproveitar a beleza do caminho.

Esta fábula é a pintura fiel da vida de muitos que vão desprezando as coisas boas que encontram ao seu alcance pelo caminho, sempre na falsa esperança de encontrarem uma felicidade cada vez maior.

E é aí que mora um grande perigo, principalmente para os corredores corporativos. Estou falando da Inveja! Quando nossos olhos procuram por apenas observar as conquistas e progressos alheios, deixam de ver as conquistas e progressos que conseguimos. A grama do vizinho sempre será mais verde!

Como nos lembra o escritor Orison, ao considerar que a sua situação será sempre inferior àquela a que se julga ser de seu direito, não aproveitará em plenitude os bens que o rodeiam. Ninguém poderá ser feliz ao invejar os bens alheios. Perdemos grande parte da alegria de viver ao invejarmos o que pertence aos outros, em vez de aceitarmos alegremente os pequenos prazeres que temos todos os dias.

E isso acaba por nos tornar tão mal-humorados, que chegamos à absurda situação de um torcer pela derrota do outro, em total inadvertência quanto ao bem da empresa e da coletividade, resultando em baixa produtividade e degradando o clima interno.

Estudos mostram que uma pessoa fica desmotivada mesmo recebendo 80% de aumento salarial, caso seus colegas de departamento recebam 100% de aumento. E de outro lado, esta mesma pessoa se motiva ao receber apenas 20% de aumento salarial, quando seus colegas recebem apenas 10%. Percebem a mesquinhez da inveja humana?

Mas vamos agora passar para o outro ponto importante para envolver nossos colaboradores no Programa de Gestão do Humor no Ambiente de Trabalho, que trata da sensibilização deles, buscando integrá-los no processo.

## Cuide bem da integração de novos empregados

Não basta apenas manter uma postura otimista e bem-humorada no processo seletivo, se depois que o candidato é aprovado ele perceber que tudo aquilo que fez seus olhos brilharem era papo furado. Muitas empresas agem como diversos namorados, que se vendem para impressionar a companheira, mas depois que conseguem conquistar, começam a menosprezá-la ou ignorá-las, pois já provaram seu poder de influenciar.

O que quero destacar neste item é a importância do Programa de Integração de Novos Empregados que é fundamental para reforçar a postura bem-humorada da empresa. E saibam que não precisamos de muito investimento para ter um programa que seja atraente e que demonstre verdadeiramente o humor da empresa e seus colaboradores.

Basta organizar uma recepção com um café da manhã, seguido das palavras de boas-vindas pronunciadas pela presidência da empresa ou pela direção de Recursos Humanos, e ao final por apresentar seus departamentos e políticas internas para que o novo colaborador sinta-se em casa.

Muitas empresas, inclusive, definem um "Anjo da Guarda" que será um colega preferencialmente da área, em que o novo colaborador irá atuar para lhe apresentar os demais colegas e áreas da empresa, mantendo-se à disposição para esclarecer alguma dúvida ou até mesmo fazer companhia durante os primeiros almoços.

Existem inúmeras possibilidades de recebermos com alegria e respeito nossos novos colaboradores de forma que percebam o alinhamento entre o discurso proferido no processo seletivo com o dia a dia da empresa. Eu, particularmente, gosto de receber os novos colegas com um tapete vermelho, assim como o saudoso comandante Rolim fazia diariamente com seus fiéis clientes.

O importante é observarmos como chega o colaborador que acabou de ser admitido. Ele entra a todo vapor, cheio de iniciativas, ideias, com uma vontade enorme de contribuir e super feliz por estar trabalhando na empresa que escolheu. O segredo então é não deixar que essa alegria e bom humor acabem se apagando com a rotina do dia a dia.

## Sensibilize seus colaboradores e respeite a diversidade

Mas é claro que tudo isso deve respeitar a Diversidade existente no ambiente de trabalho. Lembrem-se de que deve haver equilíbrio em tudo. Sempre! E não devemos confundir pessoas mal-humoradas com pessoas tímidas, introvertidas, que manifestam sua alegria e humor de uma forma muito diferente. Sem nos esquecer, também, dos distímicos que precisam da nossa ajuda no tratamento desta patologia curável, que representa os estágios iniciais da depressão.

Portanto, é de suma importância realizarmos periodicamente campanhas de sensibilização por meio da afixação de cartazes bem-humorados pela empresa ou realizando palestras e *workshops* envolvendo todos colaboradores, nos mais diversos níveis, inclusive os Executivos para iniciar o processo de conscientização dos benefícios em que o riso positivo e o bom humor responsável proporcionam à nossa saúde e relacionamentos pessoais e profissionais, bem como para o clima interno da empresa.

Aliás a SIPAT – Semana Interna de Prevenção dos Acidentes do Trabalho é uma excelente oportunidade para iniciar este processo de aculturamento. Eu tenho feito diversas palestras nas SIPATs como forma de desmistificar o preconceito que existe sobre o riso no ambiente de trabalho. Nestas palestras, demonstro o lado sério e produtivo do riso, bom humor e alegria.

Deve-se frisar que a SIPAT, sendo obrigatória a sua realização durante toda uma semana e em todos os anos, mostra-se como o momento ideal para envolver todos os colaboradores, até por que, neste tipo de evento, os temas já estão tão batidos (LER, DORT, DST, Primeiros Socorros, etc) e repetitivos que quando surge um tema como "A importância do Riso no alívio do

Estresse" ou "O Bom Humor como atitude Segura" ou ainda "Assédio (hu) Moral: mas era só brincadeirinha!" a audiência é garantida.

Outro momento importante para destacarmos a seriedade do riso e bom humor é durante minhas palestras realizadas nas convenções de vendas que, aliás, ocupa o 1º lugar no ranking das oportunidades causadoras de problemas judiciais para a empresa por conta das brincadeiras até que bem intencionadas, porém, muito mal implementadas - haja vista os exemplos que citei quando tratamos do assédio moral. E será que existem empresas que aplicam programas de inserção da diversão e descontração responsáveis no trabalho com sucesso? Afirmo com certeza que sim, existem, mas que precisam agora partir para a Gestão do Humor. E para provar, vou apresentar a você, leitor, algumas delas que aplicam este tipo de programa há muito tempo e com grande sucesso:

## Impossível? Então conheça exemplos de empresas divertidas e produtivas

Existem diversas empresas que já perceberam a vantagem de se criar um ambiente organizacional bem-humorado. Muitas delas ainda precisam desenvolver um plano de Gestão do Humor Responsável para evitar alguns dissabores, como por exemplo conflitos internos e ações de assédio moral, mas é inegável que apenas a iniciativa de tornar o ambiente mais acolhedor e leve, já proporciona uma grande melhoria no clima organizacional e comprometimento de seus colaboradores que percebem a melhora na sua Qualidade de Vida.

Muitas destas empresas eu conheço pessoalmente e outras já estudei a respeito ou ouvi relatos maravilhosos. Tratarei a seguir, brevemente de algumas delas, por já serem referências mundiais, mas é certo que no Brasil temos vários exemplos e muitas outras empresas já num estágio de amadurecimento, que permitem implantar um Programa de Gestão do Humor no ambiente de trabalho. Vamos conhecê-las:

## Pike Place Fish – O mais famoso mercado de peixes do mundo

Este mercado de peixes situado em Seattle nos Estados Unidos, cuja curiosidade e interesse me levaram a conhecê-lo pessoalmente, se tornou o mercado de peixes mais famoso do mundo ao desenvolver e aplicar a Filosofia O Peixe, que deu origem à uma série de interessantes livros. Esta filosofia baseia-se em quatro simples e não menos importantes princípios: i) Brinque; ii) Alegre o dia de Alguém; iii) Faça-se presente e iv) Escolha sua Atitude, os quais vamos tratar individual e resumidamente com a ajuda da escritora Leslie Yerkes:

**Brinque:** leve a alegria para onde quer que vá, mas sempre com respeito. Brincar não é apenas uma atividade, é um estado de espírito que traz nova energia e estimula a criatividade. A brincadeira pode ser algo tão simples como acrescentar um pouco de diversão à rotina diária. Pergunte a si mesmo: será que tenho um sorriso no coração que é percebido em minha voz? Será que exploro todas as maneiras de levar diversão para uma tarefa que normalmente não é divertida? Será que enxergamos a alegria natural da vida?

**Alegre o dia de alguém:** às vezes, conseguimos alegrar o dia de alguém simplesmente com a forma como o tratamos, inclusive desejando um Bom Dia!, deixando boas marcas, sensações e histórias que possa compartilhar após partir. Centrar a atenção nas maneiras de alegrar o dia das pessoas, garante um fluxo contínuo de sentimentos positivos. Pergunte a si mesmo: vou alegrar o dia de quem hoje? Quando foi a última vez que alguém alegrou o meu dia? Será que estou receptivo para que alguém alegre o meu dia? O que estou fazendo para transformar a empresa em que trabalho num lugar melhor e mais divertido?

**Faça-se presente:** coisas surpreendentes acontecem quando você aprende a estar onde está de verdade. Dê a devida atenção às pessoas com quem você trata. Quando estiver com o seu cliente, seja ele interno ou externo, fixe-se nele como se houvesse só vocês dois. Pergunte a si mesmo: será que estou, de corpo e alma, escutando e dando atenção aos meus clientes, sejam meus colegas de trabalho ou não? Será que imponho restrições a interrupções, como o telefone que toca durante uma conversa com meu cliente, colega de empresa ou subordinado no trabalho? Será que lembrei como é boa a sensação de ser ouvido? Será que as pessoas percebem quando minha atenção está em outro lugar?

**Escolha a sua atitude:** a opção de estar na empresa é sua, e você é quem vai escolher se terá um bom dia ou não. Nós temos o poder da escolha, este é o nosso livre arbítrio, e esse poder energiza tudo o que fazemos. Muitas vezes não escolhemos o trabalho a ser feito, mas podemos escolher como fazê-lo: com muita alegria. Pergunte a si mesmo: que atitude estou escolhendo neste momento? Será que tenho consciência de que a escolha de uma atitude pode influenciar os sentimentos meus e daqueles que me cercam?

Caros leitores, se é possível nos divertirmos trabalhando numa barraca de peixes ou peixaria como muitos gostam de chamar, não há desculpas para não nos divertimos onde trabalhamos. E o que é melhor: tudo isso depende mais de nós mesmos do que podemos imaginar, pois acreditem, a empresa não será mais a mesma, por que você já não é mais a mesma pessoa, pois o que você for é que determinará a empresa em que trabalhará. Assim com a sua transformação, a empresa também se transformará.

Por esse motivo, recomendo levarmos alegria às nossas atividades, sempre com respeito, alegrando o dia de no mínimo um colega por dia, dando-lhe a respeitosa atenção, pois somos nós quem determinamos como deverá ser o nosso dia; e que ele seja de muita alegria e descontração, para que possamos tornar a empresa em que trabalhamos um local divertido para se trabalhar, aumentando a produtividade e melhorando nossa qualidade de vida.

*Não devemos permitir que alguém saia de perto de nós sem se sentir melhor e mais feliz. Todos devem ver a bondade em seu rosto, em seus olhos, em seu sorriso.*
(Madre Teresa, 1910-1997).

## Southwest Airlines

A Southwest Airlines, dedicada a oferecer não só voos baratos, mas sim uma experiência de viagem divertida e original a seus clientes, se converteu na principal empresa aérea norte-americana, com mais de 30 anos consecutivos de benefícios. Sua maneira de fazer negócios inclui estimular seus empregados a serem espontâneos e a desfrutar do que fazem, já é um modelo de empresa sobre a qual se tem escrito vários livros e centenas de artigos.

Na SWA, como é carinhosamente conhecida, e tratada em minhas palestras sobre a Importância do Bom Humor no Atendimento e Fidelização do cliente, o colaborador vem em primeiro lugar, sendo o seu principal cliente. Sua presidente Colleenn Barrett passa a maior parte de seu tempo procurando assegurar que a empresa proporcione o melhor serviço interno, o que transcende ao salário e benefícios, criando um ambiente em que todos se sintam respeitados, aceitos e ouvidos. E diante desta felicidade e realização que eles transferem para seus colegas de trabalho, acabam por criar um círculo virtuoso que termina no atendimento atencioso e descontraído ao cliente.

Por esse motivo a SWA contrata seus colaboradores primeiro pela atitude e depois os treina para desenvolver as habilidades necessárias a cada um. Também na SWA não existe o medo de errar, pois a empresa além de proporcionar treinamentos contínuos e de alta qualidade, trabalha para remover o medo de sua cultura, despertando em seus colaboradores o interesse pelos demais colegas e clientes, compaixão, espírito comunitário e comprometimento.

## Google

Destaca-se por primar pela decoração descontraída, informal e acolhedora do ambiente de trabalho e por proporcionar um clima de descontração entre seus colaboradores, em virtude da necessidade de estarem completamente focados em suas atividades e sentirem-se praticamente em casa. Não é por menos que vem figurando há alguns anos como a melhor empresa para se trabalhar. E eu tive a felicidade de poder constatar isso tudo pessoalmente, quando fui convidado em 2013 a realizar uma palestra para seus colaboradores, destacando os benefícios do riso positivo e de uma atitude bem-humorada no ambiente de trabalho, o que mostra a maturidade da empresa em proporcionar a todos discutirem estes temas que ainda são tabus em muitas organizações.

Muitas outras empresas, como Facebook, Zappos, Orquestra André Rieu, Universo Casuo, etc. adotam uma postura bem-humorada para com seus colaboradores, clientes, fornecedores e acionistas, sem com isso perder seu respeito, seriedade e, acima de tudo, produtividade e rentabilidade. Enfim, foram necessários líderes para criar o tabu contra a diversão no trabalho; agora serão necessários líderes para quebrar esse tabu e substituí-lo por uma nova atitude positiva e produtiva. É preciso que nós nos tornemos esses novos líderes. O bom humor e a alegria são traços tão essenciais no perfil do dirigente que deveriam ser matéria obrigatória nos cursos de formação de administradores. Esta aí uma boa ideia: matéria é que não falta! E a Gestão do Humor é uma delas!

## Parece mentira, mas não é! Dia 1º de abril é o dia internacional da diversão no trabalho

Para finalizar, não poderia deixar de mencionar que há um dia no ano dedicado à celebração da Diversão no Trabalho. E este dia é o 1º de abril. Pode parecer mentira, mas não é!

Criado em 1996 e celebrado em alguns países na primeira quinta-feira de abril, o "Dia Internacional da Diversão no Trabalho" tem como objetivo conscientizar sobre a importância de despertarmos uma atitude de bem-humorada no trabalho, por que ele para ter valor, não tem de ser sofrido, mas sim descontraído.

Esta comemoração, que também acontece na Europa, consta do "Chase's Oficial Calendar of Events", o calendário de eventos mais importante dos Estados Unidos. No Brasil, iniciei sua celebração em 2010, divulgando-a em todos os meios midiáticos e tenho certeza de que com este livro poderemos, a partir deste ano, arregimentar muitos mais adeptos, assim como vocês leitores, para que esta data tenha o destaque que merece em nosso calendário anual de comemorações.

E para que consigamos este destaque, sugiro a vocês leitores elegerem uma semana deste ano para realização de uma nova "SIPAT – Semana Interna de Promoção da Alegria no Trabalho", com o objetivo de durante os cinco dias aplicar o Método S.M.I.L.E. para Gestão do Humor no Ambiente de Trabalho, como forma de conscientizar os nossos colaboradores sobre a importância e os benefícios que uma atitude bem-humorada proporciona à nossa qualidade de vida e aos resultados da nossa organização:

**2ª feira – Sorria** – **Por quê?** Faz bem para a nossa saúde e relacionamentos pessoais e profissionais, abrindo portas e o coração também. Dica: realize uma sessão de risoterapia no início da jornada, para começar a semana com o pé direito. Frase: *A primeira coisa a fazer é sorrir, por que isso determina como será o seu dia.* (Osho 1921 – 1990)

**3ª feira – Mude de atitude – Por quê?** Atitude positiva alivia as tensões, aproxima as pessoas e reduz a carga do dia a dia. Dica: institua o dia do Abraço com Sorriso, como forma de cumprimento. Frase: *Não devemos permitir que alguém saia de perto de nós sem se sentir melhor e mais feliz. Todos devem ver a bondade em seu rosto, em seus olhos, em seu sorriso.* (Madre Teresa, 1910-1997)

**4ª feira – Identifique oportunidades de diversão responsável – Por quê?** A diversão tem que ocorrer no momento certo, na hora oportuna, com as pessoas predispostas e na medida correta. Dica: reúna um Comitê da Alegria para organizar um calendário anual de celebrações e definir os locais adequados na sua empresa. Frase: *Ria com as pessoas e não das pessoas.* (Princípio do Clube do Riso, Marcelo Pinto)

**5ª feira – Liderança positiva – Por quê?** Não precisa ser piadista, engraçado ou humorista, bastando apenas permitir e facilitar a alegria no trabalho, para melhorar o clima interno, estimular a produtividade e aumentar a sinergia do grupo. Dica: convide sua equipe para um café da manhã com guloseimas ou um piquenique no horário do almoço em um local descontraído. Frase: *Você tem que ser o espelho da mudança que está propondo. Se eu quero mudar o mundo, tenho que começar por mim.* (Mahatma Gandhi, 1869 - 1948)

**6ª feira – Envolva e execute – Por quê?** Não podemos obrigar as pessoas a sorrirem e brincarem, mas podemos convidá-las a conhecer os benefícios que essas atividades podem nos proporcionar. Dica: institua a sexta-feira *Aloha*, convidando os colaboradores a virem trabalhar com roupas informais, floridas e coloridas (eu tenho uma coleção delas!). Frase: *Quem ri por último, ri menos.* (Marcelo Pinto – Doutor Risadinha)

Então, Sorria e Tenha um Bom e Lucrativo Dia!

## Bibliografia

ALONSO, Julia e VIDIGAL, Marina. *Rir é o melhor negócio.* Editora Original: São Paulo, 2006.

AYAN, Jordan. *Aha! 10 Maneiras de Libertar seu Espírito Criativo e Encontrar Novas Idéias.* Negócio Editora: São Paulo, 1998.

CLARET, Martin. *A essência do riso – A Arte de Viver.* Martin Claret: São Paulo, 1998.

DELAURO, Rubén. *La risa y la salud: el nuevo código de la risa.* Nueva Risa Ediciones: Buenos Aires – Argentina, 2006.

FREDRICKSON, Bárbara L. *Positividade – Descubra a força das emoções positivas, supere a negatividade e viva plenamente.* Editora Rocco: Rio de Janeiro, 2009.

FUNES, Mariana. *O Poder do Riso, um antídoto contra a doença.* Editora Ground, São Paulo, 2001.

GITOMER, Jeffrey. *O livro de ouro da atitude yes!.* Editora M.Books: São Paulo, 2008.

GOMES DE MATTOS, Francisco. *Empresa feliz.* 3 ed. Makron Books: São Paulo, 1996.

GORDON, Jon. *O ônibus da energia.* Editora Sextante. Rio de Janeiro: 2009.

GRIBLER, Joanne. Ria agora. Editora Ariana: Portugal, 2008.

KUSHNER, Malcolm. *Um toque de humor – Como agir de forma espirituosa para obter sucesso nos negócios.* Editora Record: Rio de Janeiro, 1998.

LAMBERT, Eduardo. *Terapia do riso – A Cura pela Alegria.* Editora Pensamento: São Paulo, 1999.

LOJA, Nei. *Grande lider motivador.* Editora Record: Rio de Janeiro, 2005.

________ *Uma nova maneira de ser feliz.* Editora Record: Rio de Janeiro, 2003.

HOLDEN, Robert. *Rir ainda é o melhor remédio.* Editora Butterfly: São Paulo, 2005.

HOMFELDT, Carlos. *Seu sucesso sem limites – Guia de Desenvolvimento Neurocriativo/DNC.* Editora Techzen: São Paulo, 2004.

MARDEN, Orison Swett. *A alegria de viver ou meio de penetrarmos o segredo da felicidade.* Livraria Figueirinhas: Porto – Portugal Tradução Portuguesa de Antonio Figueirinhas, 1923.

MASCELL, John C. e PARROTT, Lês, *25 Maneiras de valorizar as pessoas.*

Editora Sextante, 2007.

MINOIS, Georges. *História do Riso e do Escárnio*. Editora UNESP: São Paulo, 2003.

NASCIMENTO, Elzi e MELO QUINTA, Elzita. *Terapia do riso*. Editora Harbra, 1998.

NAVARRO, Leila. *Talento para ser feliz*. Editora Gente: São Paulo, 2000.

PETERS, Tom. Reimagine! Excelência nos negócios numa era de desordem. Editora Futura: São Paulo, 2004.

RECINELLA, Roberto. *É divertido fazer o impossível*. Editora Casa da Qualidade: Salvador/BA, 2005.

RYAN, Mary Jane. *O poder da gratidão*. Editora Sextante: Rio de Janeiro, 2008.

SANDERS, Tim. *O fator gente boa (gb) – Descubra o poder da Simpatia*. Editora Sextante: Rio de Janeiro, 2007.

SOUZA, César. *Você é do tamanho dos seus sonhos*. Agir Negócios: Rio de Janeiro, 2009.

URBAN, Hal. *Palavras positivas, mudanças significativas*. Editora Sextante: Rio de Janeiro, 2007.

YERKES, Leslie. *Produtividade divertida – Criando lugares onde as pessoas adoram trabalhar* – Matrix Editora: São Paulo, 2008.

Eu gostaria muito de receber seu *feedback* sobre o conteúdo deste livro. Portanto, me informe se gostou ou não, se há alguma retificação a ser feita ou ainda se gostaria de participar ou levar para sua organização minhas palestras e *workshops*. Eu serei muito grato a você!

**Contatos com o autor**

Site: www.marcelopintopalestrante.com.br

E-mail: marcelopinto@palestrantedobomhumor.com.br

Atenção: Este livro não tem como objetivo diagnosticar ou tratar qualquer tipo de doença ou problemas físicos. Ele não substitui o aconselhamento e o acompanhamento de médicos, nutricionistas, psicólogos, profissionais de educação física e outros especialistas da saúde.